『戦争と平和を問いなおす』

正　誤　表

映画『エイジアンブルー――浮島丸サコン』について

該当箇所	正	誤
23頁8行目	なお、この映画はレンタルビデオ店では借りることができないため、関心がある方は是非、DVD等を購入のうえ鑑賞してほしい。	レンタルビデオ店で借りることもできるので是非、鑑賞してほしい。

　筆者が不正確な情報を明記することによって、当該映画の製作会社である㈱シネマ・ワークには、ご迷惑をお掛けすることとなった。ここに記してお詫び申し上げる。

編者一同

戦争と平和を問いなおす

平和学のフロンティア

君島東彦・名和又介・横山治生 編
Kimijima Akihiko　Nawa Matasuke　Yokoyama Haruo

法律文化社

巻頭言：世界的規模の民主主義のために

庄司　興吉

　21世紀も第二の10年間に入って、歴史の趨勢がかなりはっきりと見えてきている。20世紀の最後の10年間に入る直前から起こった世界の大変動、すなわち米ソ冷戦の終結、東欧ソ連の崩壊、中国の現実主義化と急成長、などに続いて起こった一連の大変動についていききれず、歴史の方向を見定めかねていた私たちは、今や冷静に現実を直視しなければならない。

　歴史の趨勢は民主化である。民主化？——そんなことはあらためて言うほどのことではないのではないか、などと言ってはいけない。古代ギリシャの民主主義はもとより、近代市民革命の全過程をつうじてもまだ見えていなかった民主主義、すなわち世界中の人びとを本当の主権者とする民主主義が、ようやく見えるようになってきたのである。

　近代ヨーロッパから成長した市民たちは、たしかに近代民主主義の基礎のひとつをつくったが、それ以前から、そしてそれ以上に、残る世界をほとんどくまなく植民地化し、世界的規模の巨大奴隷制をつくりだした。民主主義は市民化した諸社会のごく一部にかぎられており、これら諸社会は、民主主義や国富を神話化しつつ教育制度やメディアをつうじて「国民」をつくりあげ、「国民国家」を押し立てて、植民地をつくり、奪い合い、余地がなくなると再分割を求める戦争をくり返してきた。

　市民から排除されていた労働者、少数民族、女性などが運動をくり返し、20世紀をつうじてようやく多くの国で普通選挙が実現したが、選挙権を獲得した国民が植民地支配を追認したり、さらに拡大しようとした例すらまれではない。本当の民主主義は、19世紀の中南米から始まり、20世紀のインドから東南アジア、中国、朝鮮半島、さらには中東アラブからアフリカへと広がっていった植民地解放運動が、女性解放運動をも巻き込んで結実し、もともと植民地解放から出発したはずのアメリカが、大国化し帝国主義化して、社会帝国主義化

したソ連をも退け、史上空前の「帝国」として世界を支配している現実を批判するようになって、初めて発展の緒につき始めたのである。

世界史的に見て真の民主主義の担い手は、植民地支配下で進歩的市民たちの視野からすら漏れ出ていたサバルタン（下層の生活者）たちであり、もっとも下層から世界を支えているこの人びとの意思が政治に水路づけられるようになって初めて、私たちは掛け値なしに民主主義について語ることができる。そしてこの観点からすると、かつて欧米列強の植民地争奪抗争に加担し、朝鮮半島から中国の一部を植民地化して、中国全土から東南アジアその他の地域までを支配下に置こうとした日本は、歴史を直視し、妥当な認識で近隣諸国の理解を得ることなしに、自らの民主主義と平和主義を語ることはできないのである。

民主化していく社会、すなわち民主社会では、サバルタンを中心とする民衆こそが真の主権者であり、主権者は、正当な選挙をつうじて選ぶ代表者によって政府をつくり、自らの社会を運営していくとともに、自らも民主的な方法で社会を支える事業をおこなっていく。市民主導の社会では、金持ち市民たちが企業を起こし、それらの法人化されたものが経済の圧倒的部分を支えてきているが、主権者たちは、自らの政府によってそれらが利益追求に走って暴走するのを抑え、それらに代わって、必要な、できるだけ多くの部分を自分たちの民主的な事業でカバーしていかなくてはならない。それこそが、主権者の事業としての協同組合の役割である。

だから協同組合は、この形態の事業が生み出されてきた歴史を冷静に見つめ、それが主権者の事業として成長してきた面とともに、十分に民主的でない政府が企業の要求などに押されて、それを政治的に利用してきた面をも見逃さない。そればかりでなく、協同組合は、市民たちの国家やそれ以前の国家が植民地争奪をめぐって苛烈な戦争をくり返してきた歴史にも、関心をはらわざるをえない。とくに大学生協は、戦前にも先駆例はあったものの、大衆的には、学徒動員などで絶大な犠牲を出した侵略戦争の直後に、廃墟と化した国土のなかの大学に生まれて広がってきただけに、戦争と平和の問題に人並みならぬ関心をはらわざるをえないのである。

このたび、君島東彦、名和又介、横山治生、三氏の編になる本書が刊行され

るのは、歴史の大転換期における事業として大きな意味をもっている。大学生協の支援と問題提起を受けて、すぐれた著者たちが、アジア太平洋戦争をそれぞれユニークな視点から再考し、そのうえで過去から現在をへて未来へと投げかけられているミリタリズムの問題に、それこそ「戦後責任」から「戦前責任」の問題として、いくつかの重要な視覚から取り組むのは、日本の主権者にたいしてばかりでなく、大学生協を初めとする日本の協同組合関係者にたいしても、きわめて刺激的で有益な問題提起である。

多くの人びとが本書を読み、日本の主権者として、大きく姿を現している現代の民主主義のために、避けて通ることのできぬ戦争と平和の問題を、頭ばかりでなく、それこそ全身的に考えられることを願ってやまない。

目　次

巻頭言：世界的規模の民主主義のために ────────── 庄司　興吉　i

序　戦争と平和を問いなおす視座 ────────── 君島　東彦　1
1　協同組合と平和 (2)　　2　アジア太平洋戦争再考 (4)
3　ミリタリズムとの格闘 (6)

1　大学生協はなぜ平和をめざすのか ────────── 横山　治生　12
1　はじめに (12)　　2　なぜ生協が平和の取り組みを行うのか (12)
3　京都の戦跡を訪ねる取り組み──ピースナウ舞鶴 (15)
4　戦争の事実を知り、平和への道筋を見出すために (25)

2　賀川豊彦の軌跡 ────────── 名和　又介　27
──協同組合から平和をつくる道筋
1　はじめに (27)　　2　幼少年時代 (27)　　3　青年時代 (28)
4　飛躍の時代 (32)　　5　運動の時代 (33)　　6　関東大震災 (36)　　7　戦後の時代 (38)　　8　平和運動 (38)

3　文化人のアジア太平洋戦争 ────────── 高岡　裕之　41
──軍隊と文化人の関係を中心に
1　はじめに──戦争と文化 (41)　　2　日中戦争と文化人 (42)
3　アジア太平洋戦争と文化人 (47)　　4　おわりに (51)

4　詩人・石原吉郎を読む ────────── 畑谷　史代　55
──シベリア抑留者がとらえた戦争と人間
1　はじめに──なぜ「石原吉郎」なのか (55)　　2　シベリア抑留 (56)　　3　石原吉郎と抑留──敗戦後の「戦争」(58)
4　帰国──戦後社会との断絶 (60)　　5　抑留体験の核心 (62)

　　　　　　　　　　　　　　　　　　　　　　　　　　　目　次

　　　　6　晩年——心のなかで続く「戦争」(67)　7　おわりに——善
　　　なる魂 (68)

5　暴力と戦争のトラウマに向き合う心理学 ——— 村本　邦子　72
　　　1　はじめに (72)　2　HWH (Healing the Wounds of History、
　　　歴史の傷を癒す) との出会い (73)　3　HWH の理論と実践 (76)
　　　4　今後に向けて (82)

6　建築からみた戦争と平和 ——————————— 布野　修司　85
　　　1　はじめに——建築と戦争 (85)　2　日本の近代建築と帝冠
　　　併合様式 (87)　3　丹下健三と広島平和記念館 (90)
　　　4　白井晟一と原爆堂計画 (92)　5　おわりに (95)

7　「沖縄問題」とは何か ————————————— 松島　泰勝　98
　　　——琉球の脱植民地化、脱軍事化への道
　　　1　植民地支配下にある琉球 (99)　2　独立の主体としての琉
　　　球人 (100)　3　琉球独立に関する一問一答 (102)　4　まと
　　　めに代えて——日本人に求めること (111)

8　戦争の倫理学 ———————————————— 栁澤　有吾　114
　　　——「テロとの戦い」と倫理
　　　1　はじめに (114)　2　「わたしたちは何のために戦っている
　　　のか——アメリカからの手紙」(114)　3　乗っ取られた旅客機
　　　は撃ち落とされても仕方ないのか (118)　4　結びにかえて——
　　　法の限界で (125)

9　3・11後の平和責任 ————————————— 高橋　眞司　128
　　　——長崎で考える
　　　1　平和責任の提起と定義——新ミレニアムにのぞんで (128)
　　　2　核時代の暴力性 (その1) (131)　3　核時代の暴力性 (そ
　　　の2) (135)　4　核時代の平和責任——とくに3・11後の平和
　　　責任 (137)

10 安全保障の神話からケアの倫理へ ─────── 岡野　八代　141
　　──他者に依存する自己
　　　1　〈わたしたち〉の戦争観と現在の戦争　(141)　　2　西洋政治思想における安全保障　(142)　　3　安全保障神話　(147)　　4　他者に依存する存在からの出発　(150)

11 メディアは平和をつくれるか ─────── 岡本　厚　156
　　　1　メディア（媒体）とは何か、その役割と責任　(156)　　2　戦争とメディア　(158)　　3　メディアは平和をつくれるか　(166)

12 六面体としての憲法9条 ─────── 君島　東彦　170
　　──脱神話化と再構築
　　　1　ワシントンから9条を見る　(170)　　2　大日本帝国から9条を見る　(172)　　3　日本の民衆から9条を見る　(175)　　4　沖縄から9条を見る　(177)　　5　東アジアから9条を見る　(179)　　6　世界の民衆から9条を見る　(181)

あとがき
索　引

序 戦争と平和を問いなおす視座

君島　東彦

　本書は、大学生協京滋・奈良ブロックの寄付で開講されている「大学生協寄付講座・戦争と平和を問いなおす」の内容を、受講生のみならず、より広く学生、市民のみなさんに共有していただくためにつくられたものである。本書の各章は、2012年4月から7月にかけて京都で行なわれた講義にもとづいている。2011年度から立命館大学および大学コンソーシアム京都で開講されているこの科目のコーディネーターとして、この科目、そして本書を企画・編集した私の意図は2つある。

　第1に、平和学は暴力の原因と平和の条件を探究する学問であるが、「いまここにある暴力」を凝視して、その暴力の起源を探り、克服の道筋を模索したいということ。本書が考える「いまここにある暴力」はいくつかある。社会的連帯の要素をますます縮小させているいまの「資本主義経済」、沖縄の米軍基地に象徴される「ミリタリズム」と「植民地主義」、福島原発事故が示した「核の暴力」、憲法平和主義を根本的に変質させる日本の「軍事化」などである。

　第2に、本書は、戦争・暴力と平和について、これまで未開拓であったテーマに新たな光を当てたいと考えた。平和学はさまざまな学問分野の共同作業を必要とする学際的な研究領域であるが、本書は歴史学、心理学、建築学、倫理学、哲学、政治学、メディア研究等からの考察をお願いした。また本書の各章はそれぞれ新たな問題提起をしている。本書に「平和学のフロンティア」という副題をつけたゆえんである。もちろん、2単位、全15回の授業で議論できる範囲は限られている。本書の全12章は、暴力の原因と平和の条件をより深く探究するための端緒である。

1　協同組合と平和

　「戦争と平和を問いなおす」という講義科目と本書の生みの親となったのは、大学生活協同組合である。いまでは、非営利・協同の組織というと、冷戦後に発達した NGO、NPO の方がなじみ深いかもしれないが、いまは協同組合の時代でもある。2012年は国連総会が定めた「国際協同組合年」であったし、2011年から2020年までの10年間は、「協同組合の10年」と定められている。たとえば、イタリアの社会的協同組合の発展は日本でも注目されている。なぜいま協同組合の時代なのか。ひとつの理由は、いまの資本主義経済が社会的連帯＝社会保障の要素をますます縮小させていくなかで、相互扶助の要素、1人ひとりの人間の尊厳を協同組合が供給するからであろう。第1章で、大学生協京滋・奈良ブロックに長年勤務した横山治生氏は、協同組合の原則、大学生協の歴史を述べた後、大学生協京滋・奈良ブロックが大学生とともに行なっている「ピースナウ舞鶴」の取り組み——京都府にある戦跡を訪ねて日本の加害性を知ったり、舞鶴で引き揚げ・シベリア抑留について考えたりする——を紹介している。

　日本で協同組合設立に影響が大きかったのは賀川豊彦（1888-1960年）である。いま賀川豊彦の名前を知っている学生はほとんどいないが、大学生協京滋・奈良ブロックと同志社大学が賀川豊彦を再発見する研修・研究を行なってきており、名和又介氏による第2章はその報告でもある。同志社大学における賀川再発見のひとつ、「甦る友愛の平和理念——賀川献身100年」と題する講演の中で（2009年10月15日）、伴武澄氏（共同通信記者）は、賀川の平和理念をこうまとめている。「搾取のない経済システムを導入することによって貧困をなくし、国と国の搾取のシステムをなくすことによって、平和は訪れる[1]」。

　平和学において、平和とは消極的平和と積極的平和の両方を意味する。消極的平和とは戦争・武力紛争のような直接的暴力の克服であり、積極的平和とは差別、搾取、人権侵害等の抑圧、構造的暴力の克服である。このような平和学の観点からみると、協同組合の目的は積極的平和の実現ということができ、ま

た賀川豊彦の活動は積極的平和と消極的平和の両方をめざすものであったといえよう。

　私はここで、日本の協同組合が世界の平和運動の一翼を担った経験について書いておきたい。それは日本生活協同組合連合会（日本生協連）が1995年に取り組んだ活動である。この時期、核兵器廃絶をめざす世界的な運動のひとつとして、世界法廷運動というものがあった[2]。これは、オランダ・ハーグの国際司法裁判所（世界法廷）から、「核兵器の使用は国際法に違反する」という勧告的意見を引き出そうして、世界のNGOがネットワークをつくって取り組んだ運動である。この運動の一部として、「核兵器は違法である」という人々の信念＝「公共良心の宣言」の署名を世界中で集めて、国際司法裁判所に提出することがなされた。世界でもっとも多くの署名を集めたのは日本生協連である。日本生協連は333万を超える署名を集めて、ハーグの国際司法裁判所に送った。日本生協連は、戦後50年にあたる1995年にふさわしい活動として、世界法廷運動に注目し、学習会と「公共良心の宣言」署名に取り組んだのである。日本反核法律家協会から派遣された私は、日本生協連から派遣された代表とともに、1996年7月8日、ハーグの国際司法裁判所で勧告的意見の言い渡しを傍聴した。この日、国際司法裁判所のベジャウィ長官は「核兵器の威嚇または使用は国際法に違反する」と述べた。判事の1人は、意見の中で「公共良心の宣言」署名に肯定的に言及した。この署名によって、日本の草の根の市民とハーグの世界法廷がつながったといえる。日本生協連の署名はたしかに意味があったのである。協同組合は消極的平和にも貢献しうる。

　ここで急いで付言しておきたいのは、最近の日本政府の文書、たとえば2013年12月17日に策定された国家安全保障戦略が使っている「積極的平和主義」という言葉についてである。この「積極的平和主義」という言葉はけっして新しくない。いまから22年前、冷戦後の1992年、自民党の「国際社会における日本の役割に関する特別調査会」（小沢調査会）の答申は、「憲法の精神は、消極的平和主義や一国平和主義とは全く異なる積極的、能動的な平和主義の精神であ

る」と述べて、自衛隊が国連 PKO に参加すること、さらには国連憲章第7章の集団安全保障の行動に参加することも憲法上可能と主張していた（集団安全保障は集団的自衛権とは異なる）。平和学がいう「積極的平和」の概念は、これらの議論とはまったく異なることに留意していただきたいと思う。平和学は、ミリタリズムの克服＝「消極的平和」に加えて、なお社会の中にある抑圧の克服＝「積極的平和」の実現をめざしている。日本国憲法前文が内包している「積極性」については、第12章が議論している。

2　アジア太平洋戦争再考

　この講義、本書において、もちろんアジア太平洋戦争について触れる必要がある。どこに新たな光を当てるか、どのような新たな問題提起をするか。最終的に、戦争中の文化人の行動、シベリア抑留者の経験、戦争のトラウマ、そして建築の4つの角度からアジア太平洋戦争の諸側面を考察することにした。

　いま平和学において芸術と平和の研究が盛んになっている。芸術（家）の平和創造機能が注目されている。私自身、このテーマに深い関心を抱いている。と同時に、20世紀の総力戦体制において、芸術家・文化人が戦争遂行のために広汎に動員された事実が私をとらえて離さない。大日本帝国が遂行したアジア太平洋戦争も例外ではない。第3章で高岡裕之氏は、帝国陸海軍が、作家、評論家、学者、画家、漫画家、芸能人らを活用した状況を精密に描写している。高岡氏は、性急に彼ら文化人の「戦争責任」を指摘するのではなく、「個々の文化人がどのような仕組みの中に置かれ、どのような状況に直面していたかがまず明らかにされる必要がある。戦時期文化の実像を描くためには、なお多くの研究が求められている」と述べる。

　芸術作品として、香月泰男（1911-74年）の画、特にシベリア・シリーズ57点や石原吉郎（1915-77年）の詩、エッセイは圧倒的な力で我々に迫ってくる。これらの作品の驚くべき密度、美、訴求力の背後にあるのは彼らのシベリア抑留

経験である。彼らは日本に帰還してからも、むしろ帰還したあと真に、シベリアを経験していた。信濃毎日新聞の畑谷史代氏による第4章は、石原吉郎がシベリア抑留経験を経てたどり着いた戦争と人間の認識を探っている。石原は収容所での極限状況の経験から、「人間とは、加害者であることにおいて人間となる」という認識にいたる。人に何かを譲ったり良心的にふるまったりする人々は収容所の中で生き残ることはできなかった。他者を押しのけたものが収容所で生き残ったのである。畑谷氏は「自らの加害性を自覚することは、逆説的に聞こえるかもしれないが、極限状況にあっても、人としての尊厳と精神の自立を失わないための手がかりとなるだろう」という。私も石原が見いだしたペシミズムとリアリズムの上にこそ「平和的手段による平和」はつくられなければならないと考える。

　臨床心理学者、村本邦子氏による第5章は、ユダヤ系アメリカ人、アルマンド・ボルカスが開発した〈歴史の傷を癒す、Healing the Wounds of History〉（HWH）という臨床心理学的手法を用いて、日中戦争と南京事件の被害者側と加害者側が一緒にワークすることで、トラウマの修復と平和の創造をめざした試みの記録である。HWHの基礎には、戦争などマスレベルのトラウマは社会全体に影響を及ぼし、世代を超えて受け継がれ、その影響が解消されないかぎり、戦争は繰り返されるという臨床心理学的認識がある。被害者側と加害者側が一緒にワークする方法のひとつはプレイバックシアターで、観客の1人が自分の経験を語り、役者がそれを即興劇として再現し、参加者全員で共有するというものである。HMHが強調するのは、「互いの声を深く聴くこと」「人間が持っている感情を理解し、考慮すること」の重要性である。村本氏の取り組みは、心理学による平和教育の試みとして新しい問題提起であると思う。

　これまで、建築の立場から戦争と平和の問題が正面から論じられたことはなかったような気がする。建築学者、布野修司氏による第6章は先駆的な論稿である。布野氏による論点の洗い出し、問題提起を受けて、今後の考察を深めたい。私がいちばん気になるのはやはり建築家、白井晟一（1905-83年）の「原爆

堂」計画（1955年）である。これは丸木位里・俊夫妻の「原爆の図」と第五福竜丸事件をきっかけとして構想されたものである。その目的は「原爆を保持した文明の悲劇そのものを、人間としての自分自身の存在に内包される問題として対象化すること」（白井昱磨）であった。「原爆堂」計画に示された白井の建築言語、空間言語はその後の彼の作品の中で繰り返しあらわれることになるが、「原爆堂」計画は計画のままで終わっている。しかしながら、3・11の福島原発事故後、白井昱磨氏（白井晟一の次男、建築家）が、核・被曝に伴う情報・資料収集、被曝治療等を事業とする機関の設立と、それを象徴的に表現する白井晟一の「原爆堂」建設を提案している。これは非常に注目される提案である。

3　ミリタリズムとの格闘

　第12章が述べているように、日本国憲法9条と沖縄の米軍基地はセットであった。沖縄の米軍基地は、非軍事化された天皇制をまもる役割、パックス・アメリカーナの重要な軍事的拠点の役割を果たしてきた。沖縄の人々は米軍基地に一貫して非暴力的に抵抗してきたが、ワシントンと東京の政策は変わらない。沖縄はいかにして米日の軍事植民地状況から解放されうるか。それは高度な自治の実現ということになるが、経済学者、松島泰勝氏による第7章は、沖縄——松島氏は琉球という呼称の方を使う——が日本（ヤマト）から分離独立して主権国家になるという選択肢を提示する。松島氏の構想は、沖縄を太平洋島嶼国との連続性においてとらえるところに特徴があると思う。松島氏はネイションとしての琉球人を強調し、その自己決定権の実現として独立国家を構想する。私自身はネイションを強調しない方向で政治秩序を考えたいと思っているが、松島氏の訴えに接して、ヤマトの人間として東京とワシントンの政策を変えるために努力する責任を負っていることを痛感する。

　冷戦期においては、人類の滅亡をもたらしかねない米ソ核戦争の脅威ゆえに、また日本国憲法9条は自衛戦争も含めて一切の戦争を放棄する絶対平和主義として理解されることが多かったために、さらにまた残虐行為に満ちたベト

ナム戦争のような軍事介入を目の当たりにして、正しい武力行使の条件に関する議論——正戦論——は盛んではなかった。しかし冷戦後、状況は変わった。国連の平和活動が活発化し、国連安保理が承認する武力行使の事例がある。また人道的介入という武力行使正当化論もあらわれた。冷戦後、武力行使のしきい値は下がっている。このような状況において、武力行使を可能なかぎり縮減し、封じ込めていくための精密な議論が必要になるだろう。哲学者、柳澤有吾氏による第8章は、対テロ戦争の正当性をめぐる米国とドイツの知識人のやりとり、ハイジャックされた旅客機の撃墜を認めるドイツの航空安全法をめぐる議論を素材にして、丁寧に思慮深く、武力行使の正当化条件を探っている。柳澤氏は最後に、ドイツの法学者の言葉を引用している。「ある場面で武力行使が法的に正当であると理解しつつも、それが自分の心情、信仰、良心と衝突することがある。我々はその葛藤に耐えなければならない。」

　大日本帝国の侵略戦争に関して、その戦争の当事者——当時の国民も含めて——には戦争責任がある。また、戦争の当事者ではない後の世代には戦後責任がある。戦後責任を果たす努力をしている若い人々も決して少なくないが、敗戦から70年近くが経過した現在、戦後責任という定式化は若い世代にとってわかりにくい面があるだろう。第9章で、長崎の哲学者、高橋眞司氏は、戦争責任に先立つ、いっそう根源的な責任、ヨリ高められた責任として「平和責任」という概念を提起する。高橋氏は、あらゆる人と市民は、平和を維持し、平和のために働く責任——平和責任——を負っていると考える。平和責任という概念を提起しているのは高橋氏だけではない。国際政治学者、藤原修氏も、ヤスパースの戦争責任論を参照しつつ、戦争責任を「内外における平和な社会秩序を築く主体としての自覚＝平和責任」に読み替えることを提案している[3]。
　平和責任に関連して、高橋氏の「戦争と平和——九段階接合理論」という歴史的見取り図は示唆に富む[4]。第9章ではこれに言及されていないが、重要なのでここで触れておきたい。これは、平和構築論でよく言及される「紛争のサイクル」と似た発想である。高橋氏によれば、戦争は戦前期（戦争準備期）、戦中期（戦闘期）、戦後期（和平期または停戦期）という大きな3つの時期に分かれ、

それぞれの時期がさらに前期、中期、後期の３つの時期に細分される（それゆえ９段階となる）。「接合」とはどういうことか。それは戦後期の第３段階（平和期）が戦前期に接合してしまうということである。我々は常に平和責任を負っているのであるが、平和責任の一形態として戦中期には戦争責任があり、戦後期には戦後責任がある。そして、戦前期には戦前責任があると高橋氏は考える。戦前責任とは、戦争準備がなされている時期に、戦争準備を押しとどめて不正義の戦争の開戦を阻止する責任である。2014年のいま、我々はまさに戦前責任を果たすことが問われているといえる。

　３・11フクシマ原発災害という暴力は平和学を根本的に問い直している[5]。高橋氏は第９章で、３・11フクシマ原発災害が明らかにした、核兵器のみならず原発をも含む「核暴力」について考察し、「核暴力」に対して人権と人間の尊厳をまもることが平和責任の一形態であると述べている。

　2013年12月、内閣に国家安全保障会議が設置され、日本の安全保障政策の基本方針というべき国家安全保障戦略が策定された。2014年１月には内閣に国家安全保障局が設置され、日本は憲法平和主義の下にありながら軍事化の度合いを強めている。政治学者、岡野八代氏によれば、安全保障の論理は、ホッブズ『リヴァイアサン』に古典的に示されている（第10章）。すなわち、人は自律した個人たれ、人は他人と絶えざる闘争状態におかれている、軍事力による威嚇が安全を保障する等々。しかし岡野氏は、安全保障の論理によっては平和は獲得できない、ケアの倫理が安全保障の論理に取って代わるべきだと主張する。よく考えてみれば、人は自立しているというよりもむしろ他者に依存しているのが基本的なかたちである。人は誰でも母から生まれ、母のケアを受けることによって生き延びる。母はわが子に対して強者の位置にあるが、わが子を傷つけないように非暴力的に応答するという強い倫理が働く。これがケアの倫理である。フェミニズム理論からする岡野氏の安全保障批判と平和構想は、『フェミニズムの政治学』[6]で詳細に展開されている。上野千鶴子氏はこの本の書評において「ケアとは非暴力を学ぶ実践である」[7]と書いている。岡野氏は本書で、母親の経験から生み出されたフェミニストの平和構想とは、「武力放棄」「抵

抗」「和解」「平和維持」の４つの理念にもとづく闘争によって「貧困、専制、人種差別といった構造的暴力から自由になること」であるという。岡野氏の構想は真にラディカルなものである。

　2013年12月、国民の強い反対の中で特定秘密保護法が成立した。この法律は、安全保障に関する政府秘密を刑罰の威嚇・制裁をもって保護しようとするものである。国家安全保障会議の設置、国家安全保障戦略の策定とセットになっている。この法律の第22条は「国民の知る権利の保障に資する報道又は取材の自由に配慮しなければならない」と述べているが、この法律がメディアに及ぼす影響は大きい。先述した高橋氏の「戦争と平和――九段階接合理論」によれば、この法律制定は戦争準備である。岩波書店の雑誌『世界』の編集長を16年間つとめた岡本厚氏による第11章は、戦争と平和とメディアの関係を明快かつ丁寧に分析している。政府が戦争をしようとするとき、情報統制、世論操作、教育統制、排外主義の許容、他国の脅威の宣伝、ナショナリズムの鼓吹、反戦運動の抑圧等の手法を使うのはよく知られたことである。メディアはこれらに加担することが多い。しかしメディアは平和に貢献することができる。「政府が真実を覆い隠し、都合のよいことばかりを一方的に流そうとするのであれば、メディアはそれに対して、真実を追求し、多面的な事実を発掘し報じるようにしていけばいい」と岡本氏はいう。オーディエンスもメディアに主体的、批判的に接し、監視する必要がある。英国の公共放送BBCが、イラク戦争のときに「どんな情報を秘匿するかは国防省や軍が決定するのではなく、我々自身が決める」という報道指針を定めたことは我々の参考になる。日本のメディアは政府とこのような緊張関係を保てるかどうか。これはメディアの戦前責任かもしれない。

　日本の平和学の特徴のひとつは、憲法平和主義が大きなテーマになっていることである。これはユニークである。世界の平和学を見渡してみて、これほど憲法論議をする国は見当たらない。大日本帝国の強大なミリタリズムを否定・克服するために制定された日本国憲法９条が、我々の平和論を規定してきたの

である。9条を含む憲法改正論が改めて攻勢を強めているいま、憲法9条についてできるだけ包括的で的確な理解を得ることは急務といえる。私自身が書いた第12章は、憲法9条の全体像を浮かび上がらせるためのひとつの見取り図である。パックス・アメリカーナの中で、9条がもともと体現していた非武装平和主義あるいは非暴力平和主義を実践してきたのは、日本の民衆であり、国境を越えるグローバルな民衆である。ミリタリズムが台頭している現在の東アジアにおいても、あるいはグローバルな平和維持・平和構築においても、我々は非暴力的方法を強化していく必要がある。

　平和学は知識を獲得して終わる学問ではない。平和学とは、いまここにある暴力を凝視し、その暴力を克服するために、自分自身の生き方を変革し、世界を平和的に変革するプロジェクトである。本書の執筆者のみなさんは、そのようなプロジェクトを日々実践している人々である。本書を読み終えた読者のみなさんが、このプロジェクトに参加されることを切望している。平和学が発展するばかりで、世界が平和にならないのでは意味がない。世界の暴力を少しずつ克服するために、本書が何らかの役に立つならば、編者としてうれしく思う。

　最後に、講座への寄付をたまわった大学生協京滋・奈良ブロック、非力の編者を支えてくださった執筆者のみなさん、そして法律文化社の小西英央さんに深く感謝する。

註
1) 同志社大学人文科学研究所編（2010）『賀川豊彦のキリスト教と協同組合』同志社大学人文科学研究所、56頁。
2) 君島東彦（2005）「核軍縮におけるNGOと政府の連携――『世界法廷運動』の意義と射程」愛敬浩二・水島朝穂・諸根貞夫編『浦田賢治先生古稀記念論文集・現代立憲主義の認識と実践』日本評論社、451-471頁。
3) 藤原修（2004）「序論 歴史と平和――戦争責任から平和責任へ」内海愛子・山脇啓造編『歴史の壁を超えて――和解と共生の平和学〈グローバル時代の平和学第3巻〉』法律文化社、1-9頁。
4) 高橋眞司（2004）『続・長崎にあって哲学する――原爆死から平和責任へ』北樹出版、181-203頁。

5) 国際基督教大学平和研究所編（2013）『脱原発のための平和学』法律文化社、日本平和学会編（2013）『「3・11」後の平和学［平和研究第40号］』早稲田大学出版部参照。
6) 岡野八代（2012）『フェミニズムの政治学——ケアの倫理をグローバル社会へ』みすず書房。
7) 熊本日日新聞、2012年7月1日。

1 大学生協はなぜ平和をめざすのか

横山　治生

1　はじめに

　大学生協は全国200以上の大学等で食堂や書籍、ショップ、旅行事業などを運営し、150万人を超える組合員（大学生や院生、教職員）の毎日のキャンパスライフや研究活動を支えている。いまや大学生活にはなくてはならない存在ともいえる。
　一見、学内の便利なスーパーかコンビニのように見える大学生協がどうして平和の取り組みを行っているのか、多くの学生は疑問に感じるかもしれない。
　しかし、大学生協は学生が健康で充実した大学生活が過ごせるようにと、食の安全や環境問題、事故や病気の時のたすけ合い共済など、商品やサービスの提供をベースにしながらも様々な課題にも取り組んでいる。
　この章では大学生協の組織の仕組みや理念、歴史にふれながら、生協がなぜ平和の課題に取り組むのかということや京都・滋賀・奈良地域の大学生協が毎年行っている平和学習企画「ピースナウ舞鶴」の概要を紹介したい。そして次代を担う学生たちはこうした平和学習の場で何をどのように受け止めたのか、その中から見えることを通して平和への道筋をともに考えてみたい。

2　なぜ生協が平和の取り組みを行うのか

　国連では1957年より「国際年」を設け、共通の重要テーマについて、各国や世界全体が1年間を通じて呼びかけや対策を行うよう取り組んでいる。2012年

は国連が決議した「国際協同組合年」(IYC: International Year of Co-operatives) であった。スローガンは「協同組合がよりよい社会を築きます」(「Co-operative enterprises build a better world」) である。国連がなぜ国際年として協同組合を取り上げたのだろうか。国連総会宣言によれば「協同組合は、その様々な形態において、女性、若者、高齢者、障害者および先住民族を含むあらゆる人々の経済社会開発への最大限の参加を促し、経済社会開発の主たる要素となりつつあり、貧困の根絶に寄与するものである」とし、「持続可能な開発、貧困の根絶、都市と農村地域における様々な経済部門の生計に貢献することのできる企業体・社会的事業体としての協同組合」に期待したということが示されている。この決議を受けて世界各国で様々な活動が取り組まれた。日本においては生活協同組合や農業協同組合、漁業協同組合をはじめとする国内の様々な協同組合が連携し、IYC全国実行委員会を結成して協同組合の価値や役割について検討し、広くアピールを行った。このことを見てもわかるように協同組合組織は世界96ヵ国で、人々の協同によって様々な生産や消費を支えており、世界が直面する課題の解決に有効な組織として世界最大のNGOに成長し、活躍しているのである。

（１）協同組合とはなにか

では、そもそも協同組合とはどんな組織なのか。国際協同組合同盟（ICA）は「協同組合とは、共同で所有し民主的に管理する事業体を通じ、共通の経済的・社会的・文化的なニーズと願いを満たすために自発的に手を結んだ人々の自治的な組織」であると定義している。つまり「協同組合は、個人あるいは事業者などが共通する目的のために自主的に集まり、その事業の利用を中心としながら、民主的な運営や管理を行う営利を目的としない組織」（国際協同組合年公式ホームページ）なのである。これらの特徴を要約すると①協同組合は利益を目的としない、②協同組合は出資者（組合員）が利用者であり、運営参画者でもある、③協同組合は出資額の多さにかかわらず１人一票の原則に基づいて民主的に運営するという点にある。日本においても、協同組合は人々の暮らしに関係する様々な分野で事業を行い、運営する事業の種類によって様々な協同組

合が存在している。安全・安心で豊かな食品と生活に必要な日用品を生産し（農協、漁協、森林組合など）、それらを供給する事業（消費生協など）、地域の豊かな暮らしと経済活動のために寄与する金融事業（信用協同組合等）、総合的な暮らしの保障のための事業（共済生協）、健康な日常生活を営むための医療・福祉事業（医療・福祉生協）など、ほかにも様々な協同組合がある。協同組合はそれぞれの事業を通じて組合員のニーズを実現するだけではなく、共助の精神で様々な活動にも取り組んでいる。大規模災害が発生した際にも、各協同組合が物資の支援、ボランティアの派遣、募金活動に取り組み、被災地域の復興支援に大きな役割を果たしていることはよく知られている。

（2）大学生協の歴史をふりかえる

　協同組合の中でもとりわけ多くの市民が加入し、利用と運営参加を広げてきたのが生活協同組合（生協）である。今日の協同組合のモデルとされるロッチデール公正先駆者組合は19世紀半ばのイギリスで起こり、ヨーロッパに広がった。日本における大学生協の嚆矢は1898（明治38）年、安部磯雄と学生有志によって設立された同志社学生消費組合とされている。この新しい試みも利用が安定せず、1年後には経営破綻しているが、その後に、慶應義塾宿舎消費組合（1903年）、日本女子大寮舎共同購買会（1905年）、東京高農（農人）消費組合が設立されている。1926（大正15）年に賀川豊彦、安部磯雄らが東京学生消費組合（以下、東京学消）の設立を準備し、早大正門前に最初のお店を開設した。その後、拓殖大支部、赤門支部（東大）、立教大支部、白金支部（明学）、駿河台支部（明大）、富士見ヶ丘支部（法政）と拡大していく。しかし、東京学消は1933年をピークに組織、経営とも大幅に減少し、治安警察法による赤門支部の強制解散処分を最後に1940年、その歴史は終わる。1931年満州事変、1932年満州国の建設、1937年盧溝橋事件と日本が土地と資源を求めてアジア各国への侵略を開始し、これに抵抗する思想、団体の取り締まりが厳しくなるとともに自主自発的な購買組合もその存在を許されることはなかったのである。

(3) 平和とよりよき生活をもとめて

　戦後、物資が窮乏する中で、活動を停止していた生協は雨後の竹の子のように地域や大学の中に広がり、再び息を吹き返した。国民主権、個人の自由と人権の尊重、戦争の放棄を原理とする憲法が制定され、新しい息吹のもとで1951年に日本生活協同組合連合会（日本生協連）が設立された。生協は全国各地で、「国民生活の安定と生活文化の向上を期することを目的」（消費生活協同組合法）に市民の手で広がったが、その当初から「平和とよりよき生活」をスローガンに掲げて活動を行っている。このスローガンについて日本生協連の創立宣言（1951年）の中で次のように述べられている。

> 日本における生活協同組合運動の歴史は実に棘の道であった。この過程において心ならずも戦列を去った同志は幾人かあった。しかし、いま、われわれはさらに重大な民族の興亡を決する危局に直面している。平和は全人類の悲願であるにもかかわらず、第三次世界大戦の危機は迫り、国際情勢は極度に緊迫している。われわれ協同組合運動者は第二次世界大戦の惨禍を自覚し、国際協同組合デーには常に「平和の使徒」たらんことを世界の同志と共に誓い合ってきた。平和と、より良き生活こそ生活協同組合の理想であり、この理想の貫徹こそ現段階においてわれわれに課せられた最大の使命である。……

　また、創立総会では同時に平和宣言も採択された。
　このように、戦後、再出発した生協は第二次世界大戦の深い反省の上にたって、より良いくらしの前提となる平和な社会の実現を理想に掲げ、平和なくして生協の発展はのぞめないことを生協運動の原点として確認したのである。

3　京都の戦跡を訪ねる取り組み――ピースナウ舞鶴

　生協の紹介がやや長くなったが、こうした歴史と伝統を受け継いで大学生協も平和の取り組みを行っている。戦後70年を経過しようとする中で、組合員の多くを占める大学生にとっては、過去の戦争の体験や出来事を直接聞いたり、触れたりする機会はますます少なくなっている。「戦争」は新聞やテレビの中の出来事であり、身近に感じられないという学生も多い。そうした中で、過去

の事実を知り、感じたことや考えたことを話し合うこと自体が何よりも大切な平和活動と言える。京滋・奈良地域の大学生協で取り組んでいる平和学習ツアー「ピースナウ舞鶴」は京都にもある「戦跡」をフィールドに、現在も現地で活躍される多くの講師の方々の協力を得て取り組まれている。また京都府北部で活動している京都生協の若いお母さんの組合員や戦争体験をもつ組合員さんも現地で学生と合流し、世代を越えて交流していることも特徴である。ここではその内容の一部を紹介したい。

（1）大江山ニッケル鉱山と中国人・連合軍捕虜による強制労働

毎年、京都にあこがれて、多くの大学生がやってくる。彼らが抱く京都のイメージは、神社、仏閣、伝統祭事や古くからの家並みや風土である。京都は戦争中でも東京、名古屋、大阪、神戸のような大規模な空襲にもあわず、平和で文化的な観光都市というイメージが強い。しかし、「ピースナウ舞鶴」の参加者はそうしたイメージとは対照的な忌まわしい過去の事実、戦争の一面を知ることができる。

（ⅰ）大江山ニッケル鉱山と中国人強制連行

学習ツアーの行程はまず京都府北部の丹後半島の付け根付近にあたる大江山（旧加悦町、現在与謝野町）から始まる。ここは日本三景で有名な天橋立にも近い。大江山の名前は酒呑童子の鬼伝説や「大江山いく野の道の遠ければまだふみも見ず天の橋立」と百人一首の和歌にも詠われているので耳にしたことがある人も多いだろう。ここでかつて、含有率は低いが、豊富な埋蔵量をもつニッケルの鉱床が発見された。海外からの資源が欠乏する中、大江山のニッケルは戦争政策を進める上で極めて重要な意義をもっていた。大江山鉱山で採掘されたニッケルは、地元の加悦鉄道で天橋立に近い岩滝製錬所に運ばれ、そこで生成されたニッケル鉄が神奈川の川崎製造所で爆弾、プロペラ、スクリュー、魚雷などの材料となり、アジア太平洋戦争末期の日本の軍事力を支えたのである。鉱山の採掘、加悦鉄道での運搬、製錬工場と一貫生産体制を経営していたのが日本火薬工業のちの日本冶金工業であった。当時、ここには徴用された朝鮮人をはじめ連合軍捕虜（イギリス、カナダ、アメリカなど700人）、強制的に連行

第1章　大学生協はなぜ平和をめざすのか

されてきた中国人が動員され、鉱山での採掘や運搬などの重労働を強いられていた。徴兵によって若い労働力が不足し、軍需産業を支える補完的な労働力が必要とされたのである。彼らの過酷な労働の実態や中国人強制連行の記録は地元の郷土史研究者である和久田薫氏の著書『大江山鉱山——中国人拉致・強制労働の真実』（ウインかもがわ、2006年）に詳しく紹介されている。

▲和久田氏のガイドで中国人強制連行と労働の実態を聞く

　200人いた中国人の大半は河南省出身の若者だった。河南省には、中国人を日本企業に供出するために設置された「華北労工協会」が置かれていた。日本で条件の良い短期の仕事があるからと騙されてきた者、農作業や道を歩行中に突然襲われ、拉致されてきた者など、前著の中でリアルに紹介されている。彼らは汽車で青島の収容施設から船に乗せられ下関へ、さらに列車で長時間揺られて京都の北部まで連れてこられたのである。大江山で彼らに与えられる食事は1回につき100gの豆カスで作った饅頭1個と腐った臭いのする茶碗1杯のスープ、衣類は1着だけ、冬はセメント袋を体に巻いて寒さを凌いでいたと言う。不衛生で疥癬病が蔓延する宿舎で監視されながら、過酷な労働を強いられていたのである。終戦までに12人が死亡、多数の者が怪我と栄養失調で苦しんだ。ちなみに中国からの強制連行は「華人労務者内地移入ニ関スル件」（1942年閣議決定）にもとづき政府の政策として行われた。終戦後53年目にあたる1998年に、生き残った中国人6人が日本国と日本冶金工業を相手取り、謝罪と慰謝料、未払い賃金を求めて京都地裁に提訴した。裁判は大阪高裁の和解勧告を受けて、日本冶金工業とは和解、解決をみたが、勧告を拒否した日本政府を相手取っての裁判では「時効・除斥」「国家無答責」を理由に敗訴となっている。

(ⅱ) 連合軍捕虜への虐待と慰霊

　また、当時700人いた連合軍捕虜たちの強制労働の実態についてはイギリスウェールズ地方出身のフランク・エバンス氏（故人）が自らの著書『憎悪と和解の大江山――あるイギリス兵捕虜の手記』（糸井定次・細川忠俊訳、彩流社、2009年）の中で詳しく綴っている。彼は1943年12月に香港の収容所からの連合軍捕虜第5次移送グループとして日本へ送られた。捕虜たちは門司から列車で大江山捕虜収容所へ。そこで待っていたのは一足先に連れてこられたカナダ人捕虜たちであった。その中の1人がエバンス氏らに向かってこう言った。「我々はカナダ人だ。ここでは毎日のように仲間が死んでいる。お前たちは死の罠にやってきたんだ」。1日200ｔの採掘ノルマの重労働、蚤や虱がたかる不衛生な宿舎、大麦と虫の混ざったライス1杯に青菜のスープとお茶、これがパンと肉を常食としていた彼らにとっての毎日の食事に替わった。鉱山へ向かう道すがら捕まえたカエルやヘビすらご馳走だったと言うほどひどい食事の実態だった。不服従な態度には見せしめの拷問が待っていた。エバンス氏は戦後、元捕虜兵の香港ツアーに参加した帰路、偶然にも知り合った日本人女性を通じて自分が送られた所が大江山鉱山であった事を知る。友人の慰霊のために立ち寄った現地、（旧）加悦町では彼を温かく迎え入れ、町長や住民による歓迎集会がもたれた。あの忌まわしい思い出の地で、まさかこのようにあたたかく歓迎されるとはエバンス氏は想像もしなかったという。こうしたことがきっかけとなって加悦町とウェールズの友好関係が築かれ、相互留学プログラムが始まり、今も継続している。慰霊碑は町や日本冶金工業などの協力を得て、かつての鉱山近くにある公園に建立されている。エバンス氏の著書の訳者でもある糸井定次氏は少年当時、現地でこの様子を見ている。彼は訪問した私たちに米国立公文書館で入手した当時の貴重なドキュメントや写真を紹介しながら当時の様子をリアルに語ってくれた。また、現地で読み聞かせの活動をしている京都生協の組合員グループ「マザーグースの会」のお母さんたちが、この出来事を紙芝居にして、エバンス氏の体験を子供たちにもわかりやすく語り継いでいる。このほかにも、綾部市で活動する「ピースクラブ」のメンバーが自らの引き揚げ体験を語ってくれたり、戦時中の子供のふつうの暮らしを紙芝居で伝え

てもらうなど、地元の生協組合員が平和の取り組みで学んだことを大学生に伝え、交流する貴重な機会となっている。

(2) 引き揚げ港としての舞鶴

参加者は次の訪問先である舞鶴に向かう。舞鶴湾を山の上から見下ろすと鶴が羽を広げて舞っているように見えるところからその名がつけられたという。

舞鶴は引き揚げ港として有名である。「引き揚げ」とは終戦時に海外にいた軍人、軍属、民間人を無事に日本に帰国させることをいう。終戦当時、海外の諸地域に残された方の数は、軍人や軍属（軍人以外の者で軍隊に所属し、業務に従事する者）が約330万人、一般邦人が300万人以上と言われている。これらの海外からの引き揚げ者を受け入れる「引き揚げ港」として浦賀、呉、下関、博多、佐世保、鹿児島、横浜など10港が指定され、1945年9月28日に引き揚げの業務を開始した。そして「昭和25年に函館、佐世保の引揚援護局が廃止された後も、舞鶴は国内で唯一の引揚港として最後まで（1958年9月まで）引揚船を受け入れ」続けた（舞鶴地方引揚援護局史）。この間、舞鶴港への引き揚げ者数は66万人余りと1万6,000余柱の遺骨であったと記録されている。舞鶴港への引き揚げ者はその7割弱が旧ソ連軍の捕虜となって抑留された者、あとの3割弱が中国東北部の満州開拓移民である。

(i) シベリア抑留者の引き揚げ

アジア太平洋戦争の終戦直前、1945年8月9日にソ連（旧ソビエト社会主義連邦共和国）は日ソ不可侵条約破棄を通告し、満州国境を越えて対日参戦した。

満州に残った日本兵ら約60万人が捕虜となり、シベリアをはじめとするソ連全土に労働力として送られた。シベリアは冬になるとマイナス30度にもなる極寒の地であり、抑留された捕虜たちはその中で寒さと飢餓と無償の重労働という三重苦の収容所生活を強いられた。厳しい環境下で抑留が始まった最初の年に、死者6万人という犠牲が出ている。早く帰国したい、重労働や餓えから逃れたいと当局に取り入るために仲間を密告しあうなど、日本人抑留者同士の激しい争いもあった。シベリア抑留の実態について書かれた文献や資料は多数あるので是非読んでほしい。過酷な環境の中でやっと無事、帰国しても彼らを

待っていたのは「シベリア帰り」、「共産主義に洗脳」された者という差別と偏見であり、就職口もなく、近所づきあいはおろか親戚縁者からも疎遠にされるケースも珍しくなかった。元抑留者に対する過酷な無償労働への補償を定めた「シベリア特別措置法」が成立したのが2010年6月。存命する元シベリア抑留者の平均年齢は88歳、約6万人と推定されている。戦後65年目にしてようやく戦争被害に光が当てられたのである。舞鶴市の引揚記念館には想像を絶する厳しい抑留者の生活と労働の様子を再現したジオラマや資料が展示されている。強制収容は戦争のひとつの姿であり、ぜひ一度はここを訪ねてほしい。

(ⅱ) 満州開拓民農民と満州引き揚げ

シベリア抑留とともにもうひとつ忘れてはならないのが満州開拓移民（満蒙開拓団ともいう）のことである。満州事変（1931年）をきっかけに日本は傀儡国家である満州国を建設した（1932年）。政府の政策によって満州への開拓移民の送出がより本格的に進められた。1936年、広田内閣は「満州開拓移民推進計画」を決定し、関東軍（中国東北部に駐屯する日本陸軍部隊）の作成した「満州農業移民二十ヵ年百万戸（500万人）送出計画」にもとづき、「王道楽土」、「五族協和」の国づくりをスローガンに1938年から1942年にかけて20万人の農業青年を1936年には2万人の家族移住者を満州に送り込んだ。移民の総数は30万人に上ると言われている。開拓移民というと聞こえは良いが、実際にはそこで農業をしていた中国人の土地を安く買いたたいて取り上げ、追い出すような形で入植している。土地を奪われた農民たちは匪賊となり、関東軍や移民との間で抗争や摩擦は絶えなかった。敗戦前には成年男子も現地召集され、残された多くの開拓移民は婦人、老人、子供であった。ソ連の突然の参戦によって、関東軍はいち早く撤収し、国境付近に取り残された移民たちの逃避行は惨劇を極めた。ソ連軍や中国人匪賊による襲撃から逃れるために昼間は身を隠し、草の根をかじり、夜を待って山野を逃げまどったのである。逃走途上でソ連軍に襲われ、略奪、レイプ、殺人などの犠牲や自決によって亡くなった方も多数出た。様々な事情や混乱の中で、家族と離ればなれになり、生みの親の顔も名前もわからず、自分の生年月日すら知らない、中国残留孤児がつくられてしまった。中国から無事、舞鶴へ引き揚げることのできた日本人はおよそ19万人とされて

いる。1958年には集団引き揚げが打ち切られた。翌1959年に岸内閣は「未帰還者特別措置法」を制定し、中国に残留する日本人の調査を打ち切り、中国残留孤児・婦人は「戦時死亡宣告」によって戸籍からも抹消されたのである。このように、生きながらも死亡扱いされた中国残留孤児・婦人たちは、日中交回復（1972年）を経て中国残留孤児たちの肉親捜しが始まる1981年までの23年の空白期間を過ごさなければならなかった。当時13歳以上の女子は中国残留婦人と呼ばれ、自らの意志で中国に残り、中国人と国際結婚したとみなされ、日本への帰国を遅らせることになった。

30年以上もの年月を経てようやく祖国に戻った「孤児」たちは日本の言葉や生活にも慣れず、就職先もなく生活保護に頼らざるを得ない生活を強いられた。普通に働いておれば支給される老後の年金もなかった。こうした状況を改善するために「改正中国残留邦人支援法」が施行されたのが2008年である。

シベリア抑留や満州引き揚げの体験者もずいぶん高齢となり、直接お話を聞く機会は少なくなっている。こうした事実、戦争の姿を知るために、引揚記念館と立命館大学国際平和ミュージアムでガイドをされている舞鶴市出身の広橋澄子さんに事前学習の講師や現地でのガイドでお世話になっている。

（3）浮島丸事件と犠牲者追悼の取り組み
（ⅰ）謎の浮島丸事件

終戦間もない8月24日、舞鶴湾で大きな事故が発生している。輸送船「浮島丸」が青森県大湊から釜山に帰る朝鮮人3,735人（正確な乗船名簿はなく、5,000人以上と言う人もいる）と海軍軍人の乗員255人を乗せて途中で寄港の為に入った舞鶴湾で突然、爆発を起こした。船体は2つに割れて沈没、死没者は朝鮮人524人、日本人乗員25人という多くの犠牲者がでた。

浮島丸事件と呼ばれているこの事件にはいまだ解明されていないことが多く、謎の浮島丸事件とも呼ばれている。その理由は①終戦から1週間も経過しない混乱のさなかに、なぜ急いで出港したのか、②戦後2番目に大きい海難事故とされているが、なぜ長い間、新聞で報道されることがなかったか、③8月24日午後6時以降の航行禁止措置が予定されながら誰の命令で出航したのか、

④大湊から釜山に直行せず、舞鶴湾に寄港した理由は？　⑤爆発の原因は舞鶴湾に残っていた機雷に触れたことによるものか、船内にあったといわれる爆薬で爆発したものか、⑥船体は犠牲者の遺骨と共になぜ9年間も引き揚げられず、湾内に放置されていたのか、などである。

　ところで、青森県の大湊にどうして、このように大勢の朝鮮人が集結していたのだろうか。1943年にアリューシャン列島の最前線であったアッツ島守備隊が全滅している。この北方最前線が突破されたということで、連合軍が容易に北海道に渡り、やがて本州に攻め入ってくることは時間の問題となった。この本土決戦に備えて、大湊警備府にいた軍人（5万～6万人）が3ヵ月間の攻防戦に耐えるように、防空壕、飛行場建設、鉄道敷設、隧道工事の為の労働力として朝鮮人労働者が動員されていたのである。

　シベリアや満州から日本への引き揚げとは逆に、舞鶴から釜山へ帰国するはずであった朝鮮人たちの無念の思いが遺骨と共に今も舞鶴湾の底に眠っているのである。

(ii) 慰霊碑の建設と語り継ぐ運動

　目の前で浮島丸の爆発を見ていた地元の漁民や婦人たちは自ら船を繰り出して遭難者の救援にあたっている。自力で岸に泳ぎ着いた者も漁師に助けられた者もみんな重油で真っ黒に油まみれになっていたという。

▲浮島丸殉難者の碑

　1954（昭和29）年4月1日、第一回浮島丸殉難者慰霊祭が同実行委員会と東本願寺の共催で行われた。実行委員会の呼びかけ人は、大山郁夫（参議院議員）、末川博（立命館大総長）、住谷悦治（同志社大総長）、大谷瑩潤（東本願寺）、その他の各氏である。

　以来、東本願寺別院（市内浮島、至徳寺）などで追悼慰霊祭が行われてきた。1965年に追悼の碑建立の気

運が起こり、佐谷靖舞鶴市長（当時）を会長に「浮島丸殉難者追悼の碑建立実行委員会」がつくられた。幅広い市民の浄財と府、市の補助金を得て、遭難現場を目前にした最適の地を地元の協力で確保、像の制作は市内中学校美術科教師の集団制作によって、1978（昭和53）年に完成した。市民の手で始まった慰霊祭は徐々に広がり、厚生大臣名で追悼の電報がよせられ、政府から弔慰の表明が行われるようになり、韓国からの参加者も迎えるようになってきた。浮島丸事件と真相究明、慰霊祭の取り組みが映画化されている（映画『エイジアンブルー――浮島丸サコン』）。レンタルビデオ店で借りることもできるので是非、鑑賞してほしい。

（4）軍港都市としての舞鶴と日本海に臨む海上自衛隊

　このツアーでは、現在の舞鶴にも目を向けている。舞鶴の現在の様子については橋本康彦氏をはじめ舞鶴平和委員会の皆さんに案内していただいている。

　西舞鶴は細川家を藩主とする城下町であり、東舞鶴は古くから軍港都市として栄えた。1901（明治34）年、東郷平八郎を初代司令長官とする舞鶴鎮守府が設置され、第二次世界大戦を経て、現在は日本海に面する唯一の海上自衛隊基地として舞鶴地方隊が編成されている。

（i）軍港都市としての舞鶴

　ツアーはまず、海抜300ｍにある五老ヶ岳公園にむかう。ここからの眺めは近畿百景 NO.1といわれるほど素晴らしく、舞鶴湾が一望できる。湾は複雑に入り組んだ典型的なリアス式海岸で日本海方面を除く三方が山々に囲まれ、静かな湾に緑の島々が浮かんでいる。眼下にはのどかな風景が広がっている。日本海から湾への入り口は狭く、外海から湾へは容易に侵入できず、周囲の山々

▲五老ヶ岳から見る舞鶴湾の眺め

は風を防いでくれるので外海は荒れても湾内は穏やかである。つまり自然の要塞として非常に恵まれた地勢となっているのである。目の前に浮かんでいる緑に覆われた乙島は島全体が弾薬庫になっており、一般人の上陸はできない。また、湾の前に細長く突き出た半島も火薬庫であり、フェンスが張り巡らされ立入禁止となっている。そのほか湾岸の各部が火薬庫、機雷倉庫、補給所、燃料貯蔵所、軍事ヘリ基地、造船所等にあてられており、この美しい舞鶴湾一帯は軍事要塞ともいえるのだ。目の前に広がる美しい景色をみて誰もそのようなことは想像できないであろう。

(ⅱ) 日本海に面する唯一の海上自衛隊基地

舞鶴地方隊は、「北は秋田県から西は島根県に至るまでの沿岸部を含む広大な警備区を有し、主として日本海正面の海上防衛を担っており……現在、舞鶴に所在する部隊には、最新鋭イージス艦をはじめとする多くの護衛艦や補給艦、更には航空機等が配備され」ている（舞鶴地方隊ホームページより）。海上自衛隊の基地は舞鶴のほかに青森の大湊、横須賀、呉、佐世保の5ヵ所にあり、各警備区を受け持っているが、舞鶴海上自衛隊は日本海に面した警備区であり、日本海を隔てて韓国、北朝鮮、中国、ロシアに向き合う軍事的な要所という特別な位置にあることがわかる。舞鶴の海上自衛隊に配備されている艦艇は、新聞やテレビのニュースにもよく登場している。イージス艦「あたご」は2008年の乗員父子が行方不明になった漁船「清徳丸」との衝突事故で知られている。同じくイージス艦「みょうこう」はテロ対策特別措置法に基づき2004年1月インド洋に派遣、同年5月まで任務に従事。補給艦「ましゅう」は2004年以降、たびたび対アフガン、イラク戦争の協力支援の燃料補給としてインド洋に派遣され、自衛隊の海外派遣として新聞やテレビのニュースの話題になった。イージス艦とは、イージスシステムといわれる最新鋭のコンピュータ制御装置を搭載する艦艇のことであり、遠くの敵を素早く正確に探知し、同時に多数の空中目標を捕捉し、これらと交戦できる、きわめて戦闘能力の高い「護衛艦」のことである。日本はイージス艦を6隻保有し、うち2隻が舞鶴に配備されている。ちなみにイージス艦1隻1,200億円超の建造費と言われている。海上自衛隊は装備面から見れば「専守防衛」の領域を越えた戦闘能力を確保して

いるといえよう。

4　戦争の事実を知り、平和への道筋を見出すために

(1) 事実を知り、考え、話し合うことの大切さ

　大学生協では50年近くにわたり、学生の消費生活に関する実態調査を実施している。調査項目は多岐にわたっているが生協に関する認知度の調査項目の中に「あなたは大学生協が核兵器廃絶運動をしていることを知っているか」との問いがある。今から28年前のデータでは「知っている」と答えた人が49.4％、「知らない」と答えた人は50.2％とほぼ同数であった。以降、その差が開き、今は「知っている」と答える人は回答者の1割もいない。このことは大学生協が核兵器廃絶や平和を考える活動に十分取り組めていないことをあらわしている。生協の活動を担っている生協理事や生協学生委員の中にも平和に関する意識が希薄化しているということであり、一般の学生が平和や社会の動きにたいして以前のように関心を払わなくなっていることの反映でもあろう。

　戦後70年近くが経過し、肉親からも戦争や空襲体験を聞く機会もなく育ってきている。若者が知る戦争の姿はテレビの映像を通して眺める遠い地域の世界かもしれない。そうした学生が「ピースナウ舞鶴」に参加し、見て、聞いて、話し合ったことをどのように感じているのだろうか。「平和についてあまり興味なくて、ほんとに他人事でした」というある女子学生は実際に引き揚げ体験された方のお話や慰霊碑の前で過去の事実を知って、「戦争がどんなに悲惨なもので、精神的にも人を苦しませていたということが伝わってきた」、「平和に対する思いがこんなに高まるとは想像していませんでした」と語っている。また平和についてもっと知識を深めたいと思って参加した学生は「学校や普段聞く戦争の話は日本が被害者側の話ばかりでしたが、このような加害面を知ると戦争をしているすべての国に非があるのだとわかりました。自国のことだけを考えて被害者の顔をしていては解決しない問題だとわかりました」と述べている。また、インターネットで事前に下調べをして参加した女子学生は「パソコンの画面を見てあぁそうなのか……で終わっていました。しかし舞鶴で体験し

てきた方のお話を聞き、その土地に足をつけ、景色を眺め、その土地の空気を吸うのでは全く感じ方が違いました」と感想を書いている。そして参加したほぼすべての学生が共通して感じ、考えたことは、「過去の事実を知ること」、そして「伝えること」、そこから「平和について考えるきっかけや人の輪を広げていきたい」ということである。

　実に素直で素朴な感想と言えるが、このように実感を伴う学習こそ現在における平和学習の原点ともいえるのではないだろうか。

（2）平和への道筋を考える──過去を知り、現在を見つめよう

　2012年12月の総選挙結果で、憲法9条を改正し、国防軍の創設を公約にかかげる政権が誕生した。公約実現のために当面、野党の一部も一致している憲法96条（憲法改正手続きに関する条項）の改正から着手するという。こうした動きも、多くの学生には自分の将来とは関係のないテレビの中の出来事とうつるかもしれない。若者には過去の戦争についての直接的な責任（戦後責任）はないかもしれないが、これからの社会を世界の人々と共に作っていく上で過去の事実を認識することは重要である。この講座でも講師をされた高橋眞司氏（長崎大学生涯学習教育室）が主張されるように、「現在の日本は戦争をしていない。だから平和を享受すればよいではなく、平和を享受しているのならば、平和のために働く責任がある」のである。いつか戦争は起こるかもしれない、戦争は突然やってくるのではない、戦争はそこに至るまでの事前の準備があり、様々な兆候を伴いながら起こる。現在起こっている出来事をどのように受け止め、考え、アクションするか、若者世代には将来の平和にたいする責任が問われているのである。平和とよりよき生活をスローガンに掲げた大学生協が自主自発的な人々の協同組織として平和責任を全うしていくために、学生の学びと成長の場を提供し、こうした取り組みに多くの学生の参加が広がっていくことを期待したい。

2 賀川豊彦の軌跡
協同組合から平和をつくる道筋

名和　又介

1　はじめに

　大学生協京滋・奈良ブロック（当時は地域センター）は8年前に賀川豊彦に関する研修を始めた。協同組合の生みの親である賀川豊彦を学習して、原点を確認するための研修活動だった。しかし賀川豊彦の名前を知っている学生はほとんどいなかった。コープこうべの協同学苑で野尻武敏学苑長に学び、徳島の賀川豊彦の記念館を訪問し、その後神戸の賀川記念館で賀川督明館長の話を聞いた。このようにして毎年学生を中心に研修を重ねてきた。2009年に賀川献身100周年の事業が展開され、2012年に国際協同組合年のプロジェクトが進むなかで賀川豊彦の事績が知られはじめた。賀川研修で学習したことは協同組合だけではなく、平和の問題にも関心は広がった。本章では、賀川豊彦の軌跡をたどりつつ、協同組合から平和をつくる道筋について考えてみたい。

2　幼少年時代

　賀川豊彦は1888年神戸で生まれた。同年に生まれた有名人に菊池寛や梅原龍三郎がいる。父親は賀川純一で、母親はカメである。父の純一は有能な人物だったようで、徳島から東京の役人になり、転じて地方の議員になり、最後は神戸で回漕会社の社長になっている。ところが豊彦3歳の年に亡くなり、母カメも4歳の年に純一の後を追うように亡くなった。カメは実母だが、純一の正妻ではなく、俗にいうお妾さんだった。豊彦は徳島の実家に引き取られて行く

のだが、そこには祖母と正妻がいたのである。普通の家庭と違う雰囲気のなかで、豊彦の幼少年時代は過ぎていく。第一次世界大戦の俘虜収容所があった坂東ドイツ館の南あたりが実家のあった場所で、近くを吉野川の本流が流れていた。自然に包まれながらも、1人で過ごすことの多い子供時代だったようである。兄の努力もむなしく、賀川の実家は破産し、叔父の庇護のもとに暮らした。豊彦の成績はすぐれていたようで、徳島中学に最年少で合格している。徳島中学の記念写真のなかで小柄な豊彦の姿がある。小柄と形容するよりいたいけな姿のように見える。優秀で小柄な豊彦の、人生の転機となったのが徳島で宣教していたローガンとマイヤース（マヤス）との出会いであった。[1]

　人生の転機とは大げさな言葉に聞こえるが豊彦の場合はまさに転機と呼ぶにふさわしい。英語の学習のために訪れた宣教師がローガンであった。ローガンもマイヤースもアメリカ南部の出身で、マイヤースの姉がローガンと結婚していた。孤独な豊彦をわが子のように可愛がったのはマイヤース夫婦で、豊彦のために専用の食器や机まで用意していたという。やがて豊彦は洗礼を受けてクリスチャンとなった。20世紀のはじめ地方で洗礼をうけることは簡単なことではなかった。後にベストセラーになる『死線を越えて』[2]のなかで、叔父と賀川自身と思える青年の軋轢と苦悩が詳細に描かれている。東大を勧める叔父と決別して豊彦は、宣教師の援助を受けて明治学院予科に進んだ。ことは進学だけの問題ではなく、豊彦は家族を棄て、同時に家族に棄てられたことを意味し、重大な岐路だったように思われる。

3　青年時代

　明治学院大学は横浜バンドと呼ばれた人々により設立されたキリスト教系の大学である。ヘボン式ローマ字で有名なヘボン先生の創った大学であり、品川の高台にある。[3]予科の授業には失望し、図書館の洋書を読み漁ったという。宗教・哲学を中心にして社会科学・自然科学などの書籍を濫読した。賀川豊彦の広範な知識はこの時に蓄えられたと思われる。この時期の賀川について、ふれておきたいことが2点ある。その1点は英語に堪能だったことである。明治・

大正の知識人に共通することだが、当時の先進国である英国・米国の言葉ができることは、世界最新の知識を獲得することであり、世界の知識人と交流できることでもあった。当時の先進国と日本との落差の大きさは現在の想像をこえている。例えば、札幌バンドの新渡戸稲造や内村鑑三を思い浮かべるだけで十分であろう。彼らを矮小化するつもりはないが、彼らの出発点が英語であったことは記憶しておいていい。2点目は、当時の世界がキリスト教中心の世界であったことである。キリスト教徒であること、また聖書に詳しいことは英国人・米国人と対等に交流できたことを意味する。とりわけ賀川豊彦はキリスト教伝道を目指した人間であり、聖書の引用などは朝飯前の感覚であったと思われる。さらに明治・大正期の日本人に与えたキリスト教の影響力の大きさである。内村鑑三、吉野作造、河上肇などの名前をあげるにとどめておくが、日本の知識人とキリスト教の関係は軽視できないものをもっている。

　予科を終えた段階で、マイヤースが神戸に開講した神学校に進むことになる。その間、賀川豊彦は豊橋の教会で伝道を手助けするのである。豊橋の教会には当時長尾巻牧師がいて、「隠れた聖徒」と呼ばれていた。清貧の生活をつらぬき、弱者への思いやりは徹底していた。賀川豊彦はここでも人生の達人に出会ったことになる。後に賀川は、「一番影響を受けた牧師」と称えていた。[4)]しかしここで賀川は肺病をこじらせ生死をさまようこととなった。本来病弱な健康状態が、明治学院大学予科の猛勉強と熱心な伝道活動に耐えられなくなった。賀川豊彦は蒲郡の海岸で1人療養生活に入った。その時間を利用して書かれたのが、後に有名になる小説の前半部分であった。小康状態になった賀川はこの小説を持参して、当時の明治学院大学の教師であった島崎藤村にできを見てもらう。しかし、藤村はこの小説をさらに手をいれるようにと返した。賀川豊彦の若気の気負いを物語る場面であっただろう。

　神戸神学校で学ぶかたわら、賀川豊彦は1909年末のクリスマスに新川スラムに入った。これが機縁となり、2009年に「賀川献身100周年」として日本各地で記念された。新川は新生田川の略称で、現在の三宮から1km西に進んだ日本有数のスラムだった場所である。神戸港で働く低賃金労働者の住居であり、外国人に食肉を提供する人たちの住居であり、日本各地からはじき飛ばされた

人々が住む吹きだまりのような場所だった。スラム特有の諸悪のふきだす場所でもあったと思われる。感染症という側面からここを調査した研究もあり、コレラ・ペストなどの感染症の多発地でもあった。[5] 何故賀川豊彦がこのようなスラムに入って伝道を志したのだろう。生死をさまよった賀川自身が残り少ない命をスラム伝道にささげようとしたように考えられる。さらに何故スラムなのかという疑問が出てくる。賀川は、イエス・キリストにならい貧者のために余生を捧げようとしたのである。賀川の一生を見るとき、クリスチャンで行動の人であった賀川の姿がよく見えてくる。常に貧者のために行動する賀川の原点がここにあらわれているように思えるのである。

　新川スラムにはいった賀川の体験は、映画『死線を越えて』に詳しく描かれている。殺人があった家を安く借りて、賀川の生活が始まった。スラムの住民にとって賀川はネギをしょったカモ程度にしか見えなかったことだろう。しかしこのカモは逃げて行くことはなかった。賀川の献身的な活動は先ず子供たちを変えていった。賀川豊彦の孫にあたる賀川督明氏に講演で見せていただいた写真の多さには驚いた。子供たちと映っている写真が多く、子供たちの喜びがよく伝わってくる。写真は、当時賀川豊彦を取材に来た新聞記者が写したものという。賀川豊彦の新しもの好きとマスコミ利用のあり方がよく分かるような気がする。次に変わっていったのは賀川の献身的な姿に共鳴する人々であり、のちに賀川の仲間になったグループである。竹内勝や馬島医師などの人々である。賀川豊彦の伝道活動はここ新川ではほとんど実を結ばなかったが、賀川のスラムにかかわる活動とそれを支える人々の存在は後のち大きな成果につながっていく。

　賀川グループが手掛けた活動を整理したものがある。賀川督明氏の資料に基づいて述べていこう。子供たちのための、子供預所、子供の散髪・入浴、家庭感化、避暑慰安旅行などがある。家庭感化は一般家庭にスラムの子供を預けてともに生活し、一般家庭のよき感化を期待するものであった。しかし実際には一般家庭の子供が悪く感化されて、すぐに中止されたという。医薬施療、肺結核隔離室、病者保護などは病院の仕事であり、実際に医療所ができて医師や看護婦も協力した。感染症の発祥地であったことはすでに記した。女性のために

は婦人救済、裁縫夜学校なども設けられた。婦人救済は体を商売にする女性たちのための救済であった。10年ほど前に、山室軍平やその妻・機恵子などが東京で開いた駆け込み寺的組織であろうと思われる。多少とも現金を得るための工夫が裁縫会であったと思われる。無料葬式執行はスラムの住民に寄り添う活動であり、心の安定を与える側面もあった。一膳飯天国屋は文字通り食を保証する食堂であったがすぐに倒産したという。食い逃げや無銭飲食がつづいた結果である。古着市は衣食住の衣服の保証であり、ある意味では今でも形は違え継続している。

　無料宿泊所も文無しの住人には必要な施設であったし、さまざまな用途に使用されたものと思われる。無利子資本貸与は、文無しに無利子で金銭を与えることであり、生活費支持はその日の食を得るための緊急措置であったように思われる。雇入口入部は労働者募集と斡旋を担当し、職業紹介所は文字通り職業の斡旋をする現在のハローワークである。難民受産事業はスラムの住民が定職につけるような訓練と実践であった。さらに労働保険は災害時あるいは解雇された段階の積立のように見受けられる。現在の日本ではすべて当たり前の事業や措置であり、法的整備もなされているが、当時の日本では画期的な貧者救済の方法であった。これらの事業や措置がすべて賀川グループの創案ではないにしても、スラムの住民を生かすための緊急措置であっただろう。いくつかの試みは、山室軍平の救世軍などがすでに実施していた事業でもあったことは記憶しておいていい。とりわけ賀川がスラムで開いたハブラシ工場などは受産事業の一環であったが、このハブラシ工場もすぐに倒産した。完成したハブラシの質は、市場に提供できるものではなかったのである。

　新川スラムで試みられた事業や措置はほとんどが失敗している。しかしその失敗の中から賀川グループは失望することなく新たな試みに取り組んでいった。スラムの住民を書いた『貧民心理の研究』は冷静な観察者の視点であろう。また与謝野晶子の推奨した詩集『涙の二等分』などは賀川豊彦の名前を全国に教えることになった。賀川豊彦の名前はスラムの聖者として人々の記憶に刻まれていく。賀川豊彦は文学的才能も豊かであり、マスコミの利用にもたけていて、これまでの教会を中心とした救済活動とは少し異なる運動を展開して

いった。

4　飛躍の時代

　新川スラムに住んで4年目に賀川豊彦は芝ハルと結婚した。ハルは賀川が代理説教で出かけた印刷会社で働いていた。賀川の説教に感心したハルは、スラムに来て賀川の活動を手助けするようになる。やがて2人は愛情をもつようになり結婚した。賀川は結婚式のあと、スラムの人たちに「みなさんの女中さんです」と紹介したという。ハルは早速賀川の手足となり、以前からいた人間のように働いた。早朝から賀川の授業をうけて勉強し、自らも上手な文章を書いた。賀川豊彦は強力なサポーターをえたと言えよう。

　スラムでの活動に限界を感じていた賀川は1914年にアメリカに留学することになる。アメリカからの篤志家の援助がなくなり、新たな募金の獲得とアメリカの博士号取得の目的があった。アメリカの名門プリンストン大学の聴講生となった。やがて奨学金をえて、2年後に神学士とマスター（修士）の称号をえた。2年間の留学で獲得した成果は大きいと思える。賀川の英語力と猛勉強振りが想像できる。アメリカでの学習は賀川の目を大きく開いたようである。とりわけ世界情勢や労働運動に開眼したことは、以降の賀川の活動に弾みをつけた。帰りの旅費を稼ぐためユタ州の日本人労働者組織で働き、労働運動（賃上げ闘争）の勝利もえて、ノウハウも身に付けることができた。同じ時期ハルは横浜の共立女子神学校で学習する。自らの学習だけではなく、女性の自立や教育にも配慮していた賀川の姿勢は高く評価できよう。

　再び新川スラムに帰った賀川夫婦は以前と同じように活動を再開した。留守中にイエス団は拡大し、教会まで完成していたのは賀川グループの貢献であった。やがて時代は米騒動からシベリア出兵をむかえ、世情は騒然としてくる。また賀川らしい活動が始まるのもこの時期である。賀川の弟子であった田中俊介[6]は弔辞のなかで次のように述べている。多少長い文章だが重要な部分なので引用したい。

> 当時、米価が天井しらずに暴騰して、一部商人が巨万の暴利を得ている際、民衆がその日の糧に飢えて、ついに焼きうちの暴動の火の手をあげるのを、貧民窟で身をもって体験しておられた先生はもうじっとしておられませんでした。営利経済の矛盾を暴力によらないで、民衆のおたがいのたすけあいによって解決しよう。一人一人は無力にみえる民衆も『愛の心に根ざして団結しなさい。たすけあいなさい。組織をつくりなさい。協同組合をつくってみんながしっかりむすびついたら、二度と米騒動をして警察にひっぱられないですみますよ。』と、それから時間と労力をいとわず、協同組合運動の普及宣伝と協同組合のほんとうの精神の鼓吹に情熱をささげられました。

米騒動当時の賀川の焦燥と貧民救済の知恵を紹介している。賀川豊彦が協同組合を学び、推奨した最初のころであることは間違いない。さらに同じ文章の後半で、田中は以下のように書いている。

> 協同組合運動が思想をこえて隣人同士のたすけあいの運動であり、人類愛の実践運動であるからです。協同組合が民衆の運動であるからです。先生のつねに愛してやまない民衆、その民衆の一人一人の心と糧とのむすびつき運動であるからです。

協同組合の思想は、田中の弔辞で十二分に説明されている。

5　運動の時代

賀川豊彦は実践の人であると同時に思想の人でもある。キリスト教の影響と新川スラムの体験は何よりも大きい。以降に展開される労働運動、農民運動、協同組合運動、救援活動などは、賀川豊彦の超人的な働きを示していて人々の驚嘆するところとなっているが、いずれもメソジスト派の運動と重なるところがある。ウェスレーの運動にその萌芽がみられるのである。その上にアメリカ留学の成果があった。アメリカ留学で今後の貧困対策を具体的に構想できるようになったのではないかと思われる。アメリカで見た労働運動のデモなどは組織すること、集団として行動することの意味を教えたに違いない。ここでコープこうべの出発を伝える野尻武敏の文章を引用したい。「当時、神戸で活動していた賀川のもとを訪ねて相談した。そのときの賀川の意見はこうだったとい

う。『その金を困った人々への慈善事業に使うのも悪いことではない。しかし、これは腫れ物に膏薬をはるようなものだ。膏薬をはった出来物は治るかもしれないが、また別の所に腫れ物ができてくる。それよりも、腫れ物ができないような体質を造るために使われたらどうですか』。こうして勧めたのが、協同組合の創設だった。」田中俊介の弔辞と野尻武敏の文章を引用したが、賀川豊彦の協同組合に対する思いがよく理解できる部分である。

　救貧から防貧に変わる賀川豊彦の姿が目に見えるようである。協同組合運動などと並行して進められたのが労働運動であった。鈴木文治の始めた友愛会に参加し、たちまち関西の労働運動のリーダーになっていった。第一次世界大戦の好景気は終わり、急激な景気の後退は造船業界をおそい、神戸を根拠地とする川崎・三菱造船は大量の労働者解雇を迫った。大量解雇に抗して友愛会を中心に労働者の争議団が形成された。賀川豊彦は争議団の参謀を務めた。数万の労働者がデモをうつ、戦前最大の労働運動となっていった。いわゆる川崎・三菱労働争議である。労働者の団結に驚愕した政府・産業界は軍隊・警察を動員して争議団を逮捕する行動にでた。数ヵ月の戦いののち労働者の敗北でこの戦いは終わった。こののち労働運動は先の見通しを失い、過激化していく。このような過程のなかで賀川は労働運動から距離をおくこととなる。しかし敗北した労働者の家族のため賀川は『死線を越えて』でえた印税の大半を投げ出して、援助したのである。このような責任の取り方はいかにも賀川らしい援助であり、労働者救済だと思われる。

　やがて時期を見計らって賀川は杉山元次郎と協力しながら、農民組合をつくっていく。ある程度の資金の用意をするため多少の時間がかかったと賀川は回想している[8]。米騒動でショックを受けた賀川が提唱したのが協同組合であると先に書いた。第一次世界大戦後の不景気は農村にもおそいかかり、農民は小作料の高騰に泣くこととなる。準備を整えた賀川は1922年に農民組合を設立し、その宣言文を読み上げた。賀川の書いた「一粒の麦」「乳と蜜の流れる郷」などは農民組合の宣伝をかねた小説であり、いま読んでも面白い内容である。農民組合の意味を理解してもらうため賀川豊彦は小説の執筆までしたことになる。ここで労働運動と同じく農民運動にもかかわっていく賀川の行動を多少紹

介しておきたい。彼はウェスレーやその弟子たちの行動をモデルにしているのである。ウェスレーの弟子ラブレスは貧民救済のため農民運動を推し進めて逮捕され、そのあと地下運動をしていたケア・ハーディが労働運動を起こしてその精神を生かそうとしたことを、賀川は講演会で話している[9]。賀川はウェスレーやその後継者たちの運動を理解して、日本の現実のなかに生かそうとしていたのである。労働運動や農民運動の展開を促していたという社会的状況が存在したことは事実であるが、その狼煙をあげた賀川の姿勢はあくまで貧しき者の救済であり、手段としてウェスレーやその後継者たちの行動であったことは間違いないと考えられる。

　賀川豊彦にとって、労働運動も農民運動も協同組合運動もともに貧者救済のあるいは生存権を確保する手段であったことが分かる。現在の時点からみれば、労働運動、農民運動、協同組合運動という異質な運動にみえるが、賀川の立場にたてば何の矛盾もないことになる。また大正デモクラシーのなかで貧者救済の問題は大きな社会問題になっていたし、その背後には先進諸国アメリカ・イギリスなどの社会進化論のもたらした弊害が拡大した時期でもあった。ロシア革命の勃発は資本主義諸国を震撼させたのである。言い方をかえると資本主義に代わる共産主義・社会主義の登場であり、労働者・農民などの権利拡大の時期でもあった。賀川はキリスト教徒として人格主義の立場から運動をすすめようとした。しかし労働運動や農民運動は派閥争いから過激にはしり、四分五裂の状態に陥る。ロシア革命に震撼した日本の国家権力は労働運動、農民運動の弾圧に狂奔していくのである。賀川はこのような状況を見極めて、労働者・農民の啓蒙に力をいれ、労働者のための労働学校、農民のための農民福音学校を設立していく。貧者の声を社会に届けるために、治安警察法の撤廃運動や普通選挙をもとめる普選運動に身をていしていく。

　1919年に大阪で共益社を設立し、21年には神戸購買組合・灘購買組合が賀川の助言で設立された。貧しい人々のために協同組合の設立を呼び掛け、奔走している。部落解放同盟のメンバーも賀川を訪ねて、協同購入・協同販売の方法などを学んでいる。賀川の提唱した協同組合運動は着実な発展を遂げていった。

6　関東大震災

　おりしも1923年の9月1日に関東大震災が東京地域をおそった。地震の翌日、賀川とそのグループは資金と救援物資をつんで、船で横浜に向った。賀川たちの迅速な行動とその周到な用意は驚くばかりである。地震の惨状に驚いた賀川はすぐ神戸に引き返し、西日本で地震の惨状を伝えて募金活動を展開し、救援物資を満載して東京に戻る。東京の深川を本拠地として、大規模な救援活動が始まった。賀川グループの若者も賀川に続いた。賀川の獅子奮迅の活動は多数の記録の記すところとなっている。子供たちを預かったテント村の写真を一例にあげよう。震災復興の邪魔にならないよう、また学業の遅れにならないよう、子供たちの世話を引き受けた証拠である（3・11の東日本大震災では、大学生協の呼びかけで多数の大学生が現地でボランティア活動に取り組み、家庭教師を務めた大学生たちが高い評価を受けた）。現地で設立された中之郷質庫信用組合なども知恵のある救援活動といえよう。救援物資としてもらった布団を朝質草にしてお金を借り、日中日銭を稼いで、夜その布団を受け出すと言うシステムである。やがて本人に自立の道を探させるというすぐれた方法であった。賀川たちの新川体験が生かされた事例といえる。新川のスラムが大震災によって、言わば東京地域全体に拡大したような状況であった。賀川たちが神戸で培ったノウハウを発揮できる場を与えられたといえよう。こののちもう一度賀川たちが活躍する場を与えられるのは日本の敗戦時であった。

　ここで関東大震災の救援活動に取り組んだ賀川の総括を紹介しておこう。

　　「驚くべき無秩序、訓練のない国民、徳川時代に劣る、失敗したバラック、夥しい不良住宅、救療事業は好成績、安全博物館を設けよ」

　いつの時代でも自然災害はおこるのだが、政府はこの関東大震災も想定外であり、震災後の対策も不十分であったことを伝えている。「徳川時代に劣る」という言葉は分かりにくいが、徳川時代には貧民対策が講じられていたが、明治・大正時代の無策を意味している。渋沢栄一が維持した東京養育院などの存

第 2 章　賀川豊彦の軌跡

在は、政府の無策を逆に意味していると言えなくもない。震災後の粗末なバラックも避難民の急場しのぎでしかなく、雨漏りがしたり、長期の住居として不適切であった。賀川はこのような状況から、後にアパートにみられる鉄筋コンクリート住宅を提起し、労働者の集合住宅にも手をかけることとなる。安全博物館の提唱は阪神淡路大震災を契機として、防災博物館として実現した。新川体験は関東大震災の救援活動で大きな成果を上げ、その活動にともない住居を東京の松沢に移した。

　1925年に大阪の四貫島に労働者セツルメントを創設する。翌年には東京で学生消費組合を設立する。現在の大学生協とは直接のつながりはないものの、大学生協の始まりである。27年に東京江東消費組合を、同じく中野信用組合を設立している。翌年に、記述した中之郷質庫信用組合が認可され、31年に中野医療協同組合を新渡戸稲造と協力して設立した。同じ年に松沢幼稚園を創設している。この前後にアメリカ・中国伝道を試み、中国の共産党創設者・陳独秀は賀川の講演内容を残している。その内容はデータを多用して、数字で問題を解説したもので、外国人にも分かりやすい説明であったことが分かる。これなども賀川の英語力とともに誰にでも理解できるような紹介の仕方に努めたことが分かる。34年には協同組合学校を設立。壮年の働き盛りとはいえ、エネルギッシュな活動をしている。

　30年代の半ばは世界行脚に出かけて、フィリッピン、オーストラリア、ニュージーランドからアメリカ、ヨーロッパで数多の講演活動・伝道活動を進めていた。50歳になる1938年はインドのマドラスで開催された世界宣教大会に講師として招かれた。賀川の令名は世界に知られていたのである。[10]この時期のアメリカ講演の内容が、『友愛の経済学』として日本語訳で出版された。賀川豊彦が世界中の講演で、何を主張しようとしたのかが理解できる。28年にウォール街で始まった金融恐慌という資本主義の病弊を指摘し、協同組合社会の有用性を述べた内容である。人格経済の必要を述べ、唯物主義に対して唯心主義の大切さを強調している。金融恐慌で破綻した社会を復興させるための一手段として注目を集めた。

7　戦後の時代

　戦前・戦中は賀川にとって冬の時代であった。彼らの行動は厳しく監視され、時には過酷な弾圧も体験した。しかし戦争協力の一端を担いだことも事実である。賀川の戦争協力を指弾する研究もあるが、満蒙開拓青少年義勇団の呼びかけや占領地域の伝道活動とともに、終戦間際のNHKの放送も含めていいだろう。戦後日本で推し進められた戦争責任を追及する運動も存在したが、それらの評価はここではおいておきたい。賀川自身は戦後それらの戦争協力を反省していたということのみを指摘しておきたい。敗戦を機会に再び賀川豊彦の出番が待っていた。関東大震災と同じく日本全体がスラム化し、賀川の新川体験や関東大震災で示された手腕が必要になったのである。「マッカーサー総司令官に寄す」はマッカーサー着任時の新聞記事なのだが、これから日本の支配者になる人物に公正を求めた正論と言える。敗戦国の国民というより、友人の1人としてのアドバイスのように見受けられる。厚生省や神戸市の顧問にもなり、庶民の生活再建に貢献した。『新日本の衣食住』はパンフレットのような薄での本だが、食糧難にあえぐ庶民に衣食住のノウハウを伝えていて、木の実や草花などの食べ方まで教えてくれる。賀川の知識が机上のものではないこと、生活に根ざしたものであることが分かる。翌年には貴族院議員に勅撰された。賀川の貢献が戦後政府も高く評価せざるをえないほどの内容であったことを意味している。1947年には全国農民組合長に推され、日本生活協同組合連合会の会長にもなった。52年には広島で開催された世界連邦アジア会議の議長を務める。この前後にノーベル平和賞や文学賞にノミネートされた。日本だけでなく外国の講演も含めて、賀川は雄弁に宗教と協同組合を説いてまわった。賀川が永眠するのは、1960年であった。

8　平和運動

　戦後、賀川豊彦はノーベル賞にノミネートされた。文学賞が2度と平和賞が

1度である。この事実を指摘するだけで平和運動のリーダーたる資格は十分であるように思われる。けれども、ノーベル賞も政治的所産の結果であるケースも多い。外部的権威のたすけも必要とすることなく、賀川の行績は偉大であった。9・11事件の時に、多数の知識人がこの事件についてコメントを求められた。それらのコメントのなかで強い印象を受けたのが、国連難民高等弁務官であった緒方貞子の言葉だった。「世界で虐げられた国や民族が存在するかぎり、世界の平和はもたらされない」。多くのコメントのなかで、世界平和を視野にいれた卓見と思われた。しかしこのコメントは軽視され、世界は復讐の連鎖にはまりこみ、世界の平和はますます遠のいていった。

　賀川豊彦がノーベル平和賞にノミネートされたのは、緒方貞子の言葉の実践であったと思われる。クリスチャンになった賀川は、故郷からも家族からもみすてられ、孤独のなかにいた。しかし賀川は孤独ではなく、ある意味でイエスとともにいて幸せであったように見受けられる。賀川を援助した宣教師マイヤースも、学んだ明治学院大学もともにメソジスト派の影響が大きかった。メソジスト派の基本は福音と奉仕（社会福祉）である。また転校の途中で知った長尾巻は賀川の目の前で、身をもって実践していた聖徒だったのである。賀川は虐げられた人々とともにあり、彼らを助けることに自分の使命を見出したのである。新川スラムで生活し、賀川は自分の使命を実践し、イエスのよき弟子として過ごしたように思われる。資金もパトロンも必要ではなかった。資金は、結果として神イエスの思し召しであり、賀川は最善を尽くせばよかったのである。この姿勢は岡山で孤児院を経営した石井十次を思い出させる。またスラムでの工夫は、石井十次の後輩で、救世軍の司令官となった山室軍平を彷彿させる。賀川は決して孤独ではなく、先を歩んだ偉人とともに活動していたのだと考えられるのである。

　日本が近代化する過程で、日本の知識人は伝統と決別して西洋の思想と向き合わねばならなかった。その西洋の思想とはキリスト教そのものであったと思われる。札幌農学校の内村鑑三、新渡戸稲造や同志社大学の阿部磯雄、山室軍平などの例が思い浮かぶが、帝国大学に進んだ学生たちでは、吉野作造、河上肇などをあげてもいいだろう。賀川豊彦はその次代のクリスチャンとして、福

音とともに社会活動に邁進した。イエスが生きていたらこのようにしただろうと思うことを実行した。その新川体験が日本の社会福祉を推し進め、戦後の日本ではそれらの試みがほとんど実現した。隣人愛の行き着く先は福祉社会の充実と貧困の撲滅であった。しかし賀川が大切にしたのは、福音と奉仕であり、「最低限度の生活」の保障と神とともにある人間の「人格」の向上であったことは忘れてはならない。さらに貧困の撲滅は、現代になっても最大の課題であり、国連ミレニアムの中心課題でもある。世界から戦争・紛争を少なくするためには、この課題に正面から取り組む必要があり、私たちの明日はその営為にかかっていると思われるのである。その偉大な先人は賀川豊彦であり、賀川豊彦に学びながら、今日的課題に挑戦していきたいと思うのである。

註
1) ローガン・マイヤースはともに長老派に属する宣教師で、アメリカ南長老派教会から派遣された。神戸神学校を設立し、賀川豊彦はここに転校した。
2) 『死線を越えて』は賀川豊彦の代表作であり、彼の前半生の自伝的色彩が強い小説である。150万部売れて戦前のベストセラーになり、労働運動・農民運動・協同組合運動などの活動資金として使用された。
3) 明治学院大学の始まりは、1863年に開設されたヘボン塾である。ヘボンはアメリカから派遣された長老派教会の宣教師であった。1887年に認可され、白金台にキャンパスが完成する。ここの図書館は洋書が完備していて、賀川はこれらの洋書を読み漁った。
4) 長尾巻は当時、豊橋の旭教会の牧師であった。父親は長尾八之門で、加賀藩の家老であったが、お預かりのキリスト教徒に感心してクリスチャンとなり、巻も父について苦難に耐えながら、「隠れた聖徒」として生きた。
5) 阿保則夫 (1989)『ミナト神戸 コレラ・ペスト・スラム——社会的差別形成史の研究』学芸出版社。
6) 賀川豊彦のアドバイスをうけ那須善治とともに灘購買組合を設立し、賀川の後をついで日本生活協同組合連合会の会長となる。
7) ジョン・ウェスレーは18世紀のイギリス国教会の司祭であったが、福音と社会奉仕を説いて全国を巡回し、やがてメソジスト派として独立した。
8) 『賀川豊彦のキリスト教と協同組合』同志社大学人文科学研究所第4研究。
9) 『賀川豊彦のキリスト教と協同組合』同志社大学人文科学研究所第4研究。
10) 阿部志郎ほか (2009)『賀川豊彦を知っていますか——人と信仰と思想』教文館によると、1930年から3年間に、旅行日数734日、集会数1,859回、聴衆概数75万人、1946年から3年半に、旅行日数733日、集会数1,384回、聴衆概数75万人に達した。

3 文化人のアジア太平洋戦争

軍隊と文化人の関係を中心に

高岡 裕之

1 はじめに――戦争と文化

　一般に「戦争」と「文化」は相容れない関係にあると思われている。実際、戦後の日本では久しい間、15年戦争期、とりわけ日中戦争からアジア太平洋戦争にかけての時期は、文化および文化人の受難の時代（「暗い谷間」）であり、いわば文化の空白期とみなされてきた。そのため戦時期の文化に関する研究では、国家による統制・弾圧が強調される一方、戦争と「ファシズム」に対抗・抵抗した人々の取り組みに関心が向けられる傾向にあった。

　しかし、戦後半世紀を経た1990年代になると、①20世紀の2つの大戦が旧来の戦争とは異なり、政治・経済・科学・文化など国家の総力を挙げて遂行される「総力戦」（Total War）であったこと、②日本の文化人もまた、さまざまな形で総力戦体制に参画していた事実が注目されるようになり、戦争と文化の関係を問い直す歴史研究が大きな広がりを持つようになった。近年ではこうした研究の蓄積により、あらゆる文化領域がなんらかの形で総力戦体制に組み込まれていた様相が明らかになりつつある。

　もっとも、戦争と文化の関係は、日本の総力戦体制の多元的性格とそれぞれの文化領域固有の事情に規定されて多様かつ複雑であり、また分野ごとの研究状況に大きな落差があるため、その全体像を示すことは不可能である。そこで本章では、従来、比較的研究が進んでいない、軍隊による文化人の利用ないし動員の問題に焦点を当てることを通じて、戦争と文化の関係の一断面を示してみたい。

2　日中戦争と文化人

(1)　日中戦争とマスメディア

　軍隊による文化人の利用・動員の基本的枠組みは、日中戦争期に形成されたといってよい。ただしその初期の段階で主導的役割を果たしたのは、軍隊の側ではなく、民間の側の動きであった。

　1937年7月の盧溝橋事件をきっかけに開始された華北における日中両軍の戦闘は8月になると上海に波及し、日中両国は全面戦争状態に突入した。この過程で日本国内では「挙国一致」で戦争を支持する状況が生まれ、国民の関心は戦争の成り行きに集中することとなった。このような国民の戦争熱を背景に、新聞社や雑誌社などは競って戦地に特派員（従軍記者・従軍カメラマンなど）を送り込んだ。

　これら特派員は軍の承認の下に「従軍記者」として行動したが、彼らは最前線での取材を望んだ。特派員の最前線への従軍は、満州事変の頃から行われるようになった新しい報道スタイルであり、その背景にはニュースをめぐるマスメディア間の熾烈な競争があった。日中戦争当初、上海派遣軍報道部員として現地の報道・宣伝業務を統轄した馬淵逸雄は、当時の新聞社およびその特派員の間に存在した「激甚」な競争心こそが、「戦闘の任務なき記者を戦場に立たしめ、悪路にも悪天候にも、兵隊と同じ様に勇猛に戦はせ」た原動力であったと述べている[1]。

　もっとも、馬淵によれば、「作戦部隊に沢山の従軍記者がついて行くことは軍の行動を妨げ、防諜上からも差支へがある」ため、当初は1個師団あたり各社合計10名以内という人数制限がなされていた。ところが「戦場の実際は一社だけでも記者、連絡員、オペレーター、写真班、映画班等、到底十名以上を一組としなければ十分の活動は出来ない」ということになり、「ローカル紙は一名、『大毎』、『大朝』、『同盟』、『読売』等の大新聞社は所要に応じ一組をつけてもよい」という新ルールが設定されたという[2]。「オペレーター」とは、前線から記事を送るための無線通信機の技士のことであり、それに写真班・映画班

42

第 3 章　文化人のアジア太平洋戦争

や後方との連絡員などが特派員を構成していた。

　なお映画班が必要とされたのは、朝日新聞社は「朝日世界ニュース」、毎日新聞社は「東日大毎国際ニュース」、読売新聞社は「読売ニュース」、同盟通信社は「同盟ニュース」といったニュース映画を作成していたからである。テレビがまだ実用化されていなかった日中戦争当時、これらニュース映画は戦地の状況をリアルに伝えるメディアとして注目を浴び、ニュース映画を専門に上映する映画館が各地に続出するほどであった。

　このように日中戦争における戦争報道は、多様なメディアを通じて実施されていた。それに従事する報道関係者は、戦線の拡大によって増加の一途をたどり、武漢攻略戦の際には、「全国の新聞・通信・出版社が動員した報道関係人員は約二千人の多数に及んだ」とされる。文化人の戦争への参加が始まったのは、こうした戦争報道の過熱の中においてであった。

（2）文化人の「従軍」

　新聞社や通信社所属の記者・カメラマン以外で、早くから戦地に赴いた文化人は作家である。いわゆる「従軍作家」であるが、その第一号は1937年8月、毎日新聞社の委嘱による特派員として華北に派遣された吉川英治であった。吉川英治は、1935年から『朝日新聞』に「宮本武蔵」を連載中の人気大衆作家であり、大きな話題を呼んだ。毎日新聞社は吉川に続いて上海に木村毅を派遣し、以後、1937年8月から9月にかけて、『主婦之友』が吉屋信子（華北・上海）、『中央公論』が林房雄（華北）と尾崎士郎（上海）、『日本評論』が榊山潤（上海）を派遣した。10月以降も、『文藝春秋』が岸田国士（華北）、『改造』が三好達治（上海）、『中央公論』が石川達三（華中）を派遣したほか、杉山平助が朝日新聞特派員、林芙美子、大宅壮一らが毎日新聞特派員として華中（上海～南京）に従軍している。なお石川達三が、この時の従軍体験をもとに執筆した「生きてゐる兵隊」（『中央公論』1938年3月号掲載）は、日本軍兵士による一般市民の殺害などを描いたことにより発売禁止となったことでよく知られている。

　ところで作家と並び、いち早く戦地に足を踏み入れたのは画家であった。美

術研究所編『日本美術年鑑　昭和十三年版』(岩波書店、1939年) は、1937年中の状況として、「支那事変拡大と共に従軍を志望する画家が増し」たとし、洋画家の小早川篤四郎、吉原義、岩倉具方の3名が「海軍に従軍を許されて九月上旬上海方面に出発した」ことを皮切りに、主に海軍の「許可」による「従軍画家」の動静を記している。陸軍側の事情はよくわからないが、これは陸軍が当初、画家の受け入れに消極的であったことによる。たとえば1937年10月頃、陸軍への従軍を希望した向井潤吉は、「決して軍には迷惑はかけませぬ」という約束をして陸軍省新聞班から「証明書」を貰ったが、費用はすべて自弁であり、華北の前線では「A新聞社」報道班の一員として行動している[4]。また同じ頃、やはり陸軍に従軍を希望した鶴田吾郎は、「いまのところ従軍という便法はない、もし出掛けるなら、どこかの新聞通信員として行ったらどうだろう」と言われ、地方新聞の通信員となって華北に赴いている[5]。「従軍作家」が新聞・雑誌の企画として始まったのに対し、初期の「従軍画家」は、個人の希望によるものであった[6]。

(3)「従軍」の制度化

　上述のように、日中戦争初期における文化人の「従軍」は、その多くが民間ベースのものであった。しかし1938年に入ると、軍の企画による文化人の戦地・占領地への派遣が行われるようになる。1938年3月、陸軍省が南京攻略記念「南京入城図」制作のため、鹿子木孟郎を嘱託として派遣したのは、こうしたタイプの「従軍」の早い事例である。また同年5月には、中支那派遣軍報道部が、朝井閑右衛門、小磯良平、中村研一、向井潤吉ら10名の洋画家に、第二次上海事変から南京攻略に至る戦闘の記録画制作を委嘱する。この企画は注目を集め、マスコミは「彩管部隊」の出動と報じた。これらの事例は、陸軍が日中戦争を絵画として記録することに、積極的意義を見出したことを示している。
　さらに1938年8月になると、内閣情報部[7]により、「従軍作家」の派遣構想が打ち出される。当時の中国では、約30万人の将兵を動員した武漢攻略戦が進行中であり、そこに「従軍作家」を送り込むという企画である。この構想と同時期に作成された陸軍の史料によれば、その狙いは「一流文士」を戦地に派遣す

ることにより、「皇軍の活躍振りを実地に見聞し、其苦闘の一部を体得し、一層銃後後援の強化を計ると共に、国民精神指導の資たらしむる」(原文カナ)ことにあった。[8]

　派遣作家は、内閣情報部と菊池寛（文藝春秋社社長、日本文芸家協会会長）との協議により、菊池のほか、浅野晃、尾崎士郎、片岡鉄平、川口松太郎、岸田国士、北村小松、久米正雄、小島政二郎、佐藤惣之助、佐藤春夫、白井喬二、杉山平助、瀧井孝作、富沢有為男、中谷孝雄、丹羽文雄、浜本浩、林芙美子、深田久彌、吉川英治、吉屋信子の22名となった。陸軍部隊と海軍部隊に分けられた彼らは、「従軍」中から数多くの文章を発表し、マスコミもまた彼らを「ペン部隊」と名付けて、その動静を大々的に報じた。

　また同時期には、内閣情報部による「ペン部隊」とは別に、①中支那派遣軍報道部の企画による音楽家の派遣、②海軍省軍事普及部による画家の派遣、③同じく海軍省軍事普及部による華南への作家の派遣なども実施されている。このうち①は、飯田信夫、佐伯孝夫、西條八十、古関裕而、深井史郎の５名からなり、「ペン部隊」に対して「詩曲部隊」と呼ばれた。②は、武漢作戦における海軍の作戦記録を目的としたもので、石井柏亭、石川寅治、田辺至、中村研一、藤島武二、藤田嗣治の６名が嘱託されている。③は、「従軍」を希望していた長谷川伸、中村武羅夫らの大衆作家や映画監督の衣笠貞之助らのグループを、海軍が広東攻略戦に派遣することにしたもので、「海のペン志願部隊」、「大衆作家部隊」などと呼ばれている。

　このように1938年には、文化人の「従軍」が制度化され、軍の委嘱による作家や画家、音楽家の「従軍」が相次いで企画された。とはいえ、こうしたスタイルによる文化人の戦地派遣は、1938年がピークであった。その理由は、日本軍の戦線拡大が限界に達し、大規模な軍事作戦が姿を消したことによると思われる。このような状況の変化を背景に、軍隊と文化人の関係は、将兵に対する「慰問」を中心としたものとなっていく。

（４）芸能人の戦地慰問

　日中戦争が長期化する中で、クローズアップされたのが、戦地の将兵に対す

る慰問であった。そのため国内では、「慰問袋」の作製・発送などが国民的責務となったが、芸能人などによる現地での慰問も盛んに行われた。

　芸能人による戦地慰問の最初の事例は、1938年1月、朝日新聞社が吉本興業の協力を得て組織した演芸慰問団、いわゆる「わらわし隊」である[9]。当時、大人気であった横山エンタツ、花菱アチャコ、ミスワカナら漫才師や、落語家の柳家金語楼によって組織されたこの慰問団は、メンバーの知名度の高さもあって大きな反響を呼んだ。演芸による慰問を企画した朝日新聞社に対し、ライバルの毎日新聞社は、人気歌手による歌謡慰問団を組織して対抗した。1938年3月に出発したこの慰問団は、コロムビアレコード所属の歌手（伊藤久男、松原操、渡辺はま子ら）を中心としたもので、作曲家の服部良一も伴奏者として参加している。また同時期には、陸軍恤兵部の企画で、ポリドールレコード、キングレコードの歌手たちによる慰問団も組織されている。

　このような芸能による慰問は、その後敗戦に至るまで新聞社や陸軍恤兵部によって続けられ、歌手、漫才師、落語家、漫談家、俳優、舞踊家など、実にさまざまな人々が戦地慰問に従事することとなった。たとえば1938年11月には、松竹少女歌劇団による慰問団が華北を訪れ、翌年8月には宝塚少女歌劇団がやはり華北で慰問公演を行っている。

　こうした慰問の多くは、戦線の後方で行われたが、中には最前線まで派遣された慰問団もあった。日本におけるモダンダンスの草分けの1人であった宮操子によれば、彼女らが1939年秋に陸軍省から依頼された慰問公演は、前線部隊を対象とするものであった。そのため宮たちの慰問は「極秘」扱いとなり、「『歌手の○○さん、○○へ慰問に行く』という記事が新聞で大きく取り上げられることがあっても、前線に行った私たちのことはふせられ」、「従軍記者が書いた記事が掲載差し止めになったり、従軍カメラマンの撮った前線での私たちの写真が『不許可』になったりした」という[10]。

　なお芸能人による戦地慰問団には、「戦線に在る兵隊諸君を慰問する外に、帰国してから、その演芸の間に戦地の土産話を織り込む事に依つて、戦地の事情、将兵の労苦を銃後に宣伝するといふ大きな役割」があり、「其の力が銃後に及ぼした影響には小さからぬものがある」と評されている[11]。芸能人もまた、

戦地を見聞することにより、戦時体制の強化に寄与することが期待されていたのである。

3　アジア太平洋戦争と文化人

（1）「新体制」からアジア太平洋戦争へ

　日本の戦時体制は、1940年を境に大きく変化した。日中戦争解決の展望を失っていた日本は、1939年9月に勃発した第二次世界大戦でのドイツの優勢に幻惑され、ドイツとの軍事同盟締結と「南方」への進出に踏み出した。国内では、1940年7月に成立した第二次近衛文麿内閣により、総力戦体制の確立を目指す「新体制」運動が起こされ、政治・経済をはじめとするさまざまな領域の再編成が推進された。

　文化の面でも、1940年10月に成立した大政翼賛会の文化部と、同年12月に成立した情報局が中心となり、総力戦体制に即応した各文化部門の再編成と、文化団体の一元的統合が目指された。その進捗ぶりには、分野によって差異があったものの、アジア太平洋戦争期の文化政策・文化動員の枠組みは、この段階で確立したと目されている。こうして日中戦争期には、なお一定の範囲で残されていた文化の自由の領域は失われ、すべての文化は「国策」に沿った内容を求められるようになる。

　このような「新体制」は、必ずしもアメリカとの戦争を想定したものではなかった。しかし1941年7月に行われた南部仏印進駐は、アメリカによる対日石油禁輸という事態を招き、同年12月、日本はアメリカ、イギリス等を敵とするアジア太平洋戦争へと突入することになる。

（2）陸軍の宣伝工作と文化人

　総力戦体制の確立が目指された「新体制」期には、政府や大政翼賛会の動きとは別に、陸軍の文化人利用にも新たな動きがみられた。その担い手となったのは、参謀本部（大本営陸軍部）第二部第八課である。参謀本部第二部は、情報、宣伝、謀略などを任務とする部署であり、第八課は、総合情勢判断と対外

対敵宣伝の企画・実施および謀略工作を担当していた。

　この第八課は、1940-41年に２つの組織を新設した。そのひとつは、1941年春に設立された東方社である。東方社は、当時ソ連が発行していたグラフ雑誌『USSR』に対抗すべく、国家規模のグラフ誌を求める参謀本部が設立した、対外宣伝用出版物の作製機関であった。この東方社には、写真部主任となった木村伊兵衛、美術部主任となった原弘など優秀な人材が集まり、これまでにない高いレベルのグラフ雑誌の作製が目指された。その成果である『FRONT』は、アジア太平洋戦争開戦後の1942年１月に創刊号が出来上がり、14ヵ国語に対応した版が作られたが、印刷されたものは全冊が参謀本部に買い上げられている。この『FRONT』は、「日本の理念＝日本を盟主とする大東亜共栄圏構想を伝え、アジア諸国民にその理念を植えつけることを目的とした」、「アジア・太平洋戦争期の必要の下に作られたグラフ雑誌の一つ」と評されている[12]。

　第八課が設立したもうひとつの組織は、「伝単」（ビラ）作製のための秘密作業所であった。1940年８月、東京の神田淡路町に設けられたことから「淡路事務所」と称されたこの作業所では、中国戦線で伝単作製に携わっていた太田天橋を中心に、那須良輔、松下井知夫、林勝世、長谷川中央の５人の漫画家が、作業に従事していた。その作業は極秘とされており、当時第八課員であった恒石重嗣によれば、「防諜的見地からこの事務所への部外者の出入は禁ぜられ、部外者との連絡のためには近くの喫茶店を利用し、伝単作製に従事していた漫画家達は化粧品会社の広告のデザインをやっていることになっていた[13]」。「淡路事務所」で製作され、「開戦前後にマレー、比島、ジャワ、ビルマ等の南方作戦軍に送付された〔伝単の〕数量は、各種合計数百万枚に上った」という。

　このように、日本が「新体制」からアジア太平洋戦争へと突き進む中で、陸軍は写真家やグラフィック・デザイナー、漫画家などの技能に着目し、彼らを利用することで、宣伝・謀略工作の強化をはかっていた。だがアメリカ、イギリス等との戦争が具体的日程に上るようになると、参謀本部第二部第八課は、新たな戦争に備えたより大規模な文化人の動員を構想することになる。

（3）軍宣伝班の編成と文化人

　1941年9月、参謀本部第二部第八課は、来たるべき南方侵攻作戦の一環として、新構想による「宣伝班」の編成を開始した。中国戦線では、国内向け報道を統轄する報道班、占領地住民に対する宣伝のための宣撫班が設けられていたが、宣伝班はこれらの業務に加え、前線での対敵宣伝や自軍将兵の啓蒙、占領地住民に対する文化工作など、総合的な「文化戦」を行う組織として構想されていた。その参考とされたのは、ドイツ軍のPK中隊（宣伝中隊）であったが、全員が兵士からなるPK中隊とは異なり、日本の宣伝班は徴用した民間の文化人を主体とし、戦闘員としての一般兵士を加えて編成するものとされた。

　第八課員として宣伝班の編成に携わり、自らジャワ宣伝班長となった町田敬二によれば、宣伝班員は兵士を別として1班150人であり、南方作戦の主体となる4つの派遣軍（マレー、フィリピン、ジャワ、ビルマ）に各1班を配するためには600人が必要であった。そのメンバーには、本来宣伝戦に堪能な人材を選ぶべきであったが、そのような人材がそうそういるはずもなく、「勢い従来の観念から文士、作家、画家等の報道陣を中心としたマス・コミ関係の職能人が多くチェックされ」たという[14]。

　こうして選ばれた文化人たちのうち、第一次派遣要員となった人々に徴用令書が届いたのは1941年11月半ばのことであり、彼らは自分たちの任務もよくわからないまま、南方へと送り出された。宣伝班員としての徴用は、その後も第二次、第三次と続けられたが、それは①国民徴用令の発動による動員（期間1年）であり、②また軍の部隊の一員として扱われるという点で、日中戦争期における文化人の「従軍」とは大きく異なるものであった。

　かくして徴用された文化人の中には、石坂洋次郎、井伏鱒二、大宅壮一、小栗虫太郎、尾崎士郎、海音寺潮五郎、今日出海、高見順、武田麟太郎、中島健蔵、火野葦平といった作家・評論家、三木清、清水幾太郎のような学者、それに画家の栗原信、南政善、向井潤吉、鈴木栄二郎、漫画家の横山隆一や小野佐世男、作曲家の飯田信夫らがいた。宣伝班にはその他、新聞記者、カメラマン、映画関係者、放送関係者、さらには宗教関係者までが含まれていた[15]。

　軍宣伝班の活動は、派遣された地域の状況によって一様ではないが、ジャワ

の場合では、ビラや拡声器を用いた宣伝や日本向けの報道のほか、現地住民に向けた新聞の発行、ラジオ放送、映画の制作、劇場や学校の開設など、多様な事業が展開されている[16]。そこでの宣伝班員の活動には、技能を生かしたものもあったが、そうでないものもあった。たとえば、『朝日新聞』の人気連載漫画「フクちゃん」の作者横山隆一は、小野佐世男と共に伝単の作製や壁画による宣伝を行う一方、元プロレタリア作家の武田麟太郎と共に、日本軍兵士の慰問と現地住民への宣伝を目的とした巡回映写活動に従事し、2ヵ月にわたってジャワ全島を巡回している[17]。

　いずれにせよ、徴用という形で軍宣伝班に動員された文化人たちは、さまざまな活動に従事することを通じて、日本軍による南方占領の一翼を担うこととなったのである。

（4）海軍報道班と文化人

　ところで、アジア太平洋戦争期には、海軍もまた、ドイツのPK中隊を参考とした海軍報道班を編成している。海軍報道班は、陸軍の宣伝班が初期工作が一段落して以降、報道班と呼ばれるようになったこともあり、しばしば陸軍と同質のものとみなされている。しかし海軍の報道班制度は、占領地工作に力点を置いた陸軍の宣伝班（報道班）とは異なり、従来の従軍記者を徴用による軍属身分の報道班員に改めることで、従軍記者を海軍の情報要員とし、報道を一元的に管理することを主眼としたものであった。

　こうした趣旨により、1941年末に発足した海軍報道班には、記事班、写真班、映画班、作家班、絵画班、検閲班の6班が設けられた。この制度の考案者である冨永謙吾によれば、報道班の中心的位置を占めたのは記事班と写真班であり、各新聞社・通信社の社員からなる両班員は、敗戦までに延べ800名（記事班600名、写真班200名）に達していた[18]。また映画班では、社団法人日本映画社が一手に編成を引き受け、記録映画の制作を行ったという。

　従軍記者制度の改変であるこれらの班に対し、作家班と絵画班は、日中戦争期に個別に許可・委嘱がなされていた「従軍作家」や「従軍画家」を、報道班の部門として制度化したものであった。このうち作家班では、海軍報道班文学

挺身隊が結成され、石川達三、海野十三、北村小松、丹羽文雄、村上元三、山岡荘八、久生十蘭ら25名の作家が、「海軍の要請に応えて文学の分野で活躍した」。また絵画班では、大日本海洋美術協会が中心となり、石井柏亭、奥瀬英三、中村研一、藤田嗣治、宮本三郎ら洋画家27名、伊藤深水、橋本関雪、川端龍子ら日本画家8名、漫画家2名（近藤日出造、横山隆一）の計37名を前線に派遣している。なお中村研一、藤田嗣治、宮本三郎らは、陸軍からも作戦記録画制作の依頼を受け、軍宣伝班とは別に「徴用画家」となっている。

このように海軍報道班における文化人の役割は、その本職を離れたものではなかった。海軍報道班と陸軍の軍宣伝班（報道班）は、①ドイツ軍にヒントを得て編成され、②徴用された民間人を主体とする組織である点では共通するものの、その性格は相当異なるものであったといえよう。

4　おわりに

本章で概観してきたように、軍隊と文化人の関係は、日中戦争期とアジア太平洋戦争期では大きく異なる。日中戦争が始まった当初の軍は、文化人を利用するという観点を持っておらず、文化人の「従軍」はむしろ民間ベースで行われていた。1938年になると、戦意昂揚の観点から文化人の利用が試みられたが、こうした試みは拡大することなく、軍隊と文化人の関係は芸能人による「慰問」を中心とするものとなっていった。

こうした状況が変化するのは、総力戦体制の確立が目指された「新体制」期であり、この頃から陸海軍は、「宣伝」や「報道」の観点から、文化人の積極的利用を計画するようになった。そしてアジア太平洋戦争が開始されると、おびただしい数の文化人が軍により動員（徴用）され、軍の指示の下、さまざまな活動に従事することとなったのである。

このような変化は、「新体制」期が、陸海軍組織の総力戦体制化が進んだ時期でもあったことを示している。とはいえ、軍が文化人に着目するようになったことは、軍の文化理解が深まったことを意味するものではない。むしろアジア太平洋戦争期の軍、とりわけ陸軍は、陸軍流の総力戦体制論に基づき、文化

（人）に対する露骨な要求をあからさまに主張するようになる。陸軍美術協会編集『南方画信』第 2 輯（1942年11月発行）に掲載された平櫛孝「戦時下美術家への要望」という一文は、こうした陸軍の文化観を典型的に示している[20]。

陸軍省報道部員であった平櫛は、まず、「国家が総力を挙げて戦ふ今日、日本国民の誰一人として、戦ふ任務より遊離されてよからう筈がな」く、「一億同胞の凡てが、一人一人その受持ちを割当てられてゐる」とする。そしてこうした観点から、「大東亜戦争下に於ける美術家の任務はこの戦争に於いて「画を描く」或は「塑像を造る」係り」であり、「そして最も優れたる美術家とは、その任務の遂行（中略）に当つて、最も効率的に戦争遂行に役立て得る美術家である」とされる。要するに平櫛によれば、「戦時下の今日、美術は飽くまでも『役に立つ美術』であり、美術家は『役に立つ美術家』でなければならない」のである。

それでは、戦争遂行に「役に立つ美術」、「役に立つ美術家」とは、いったいどのようなものなのか。この問題について平櫛は、ふたつの回答を示している。そのひとつは、陸軍の「役に立つ」ことである。

> 陸軍では、美術家を「役立てる」方法の一つとして、大東亜戦争開始と共に文学者、写真家、新聞記者等と共に、多数の画家を報道班員として従軍せしめた。彼等が兵士と共に弾雨の中に行つた仕事は、国内への報道、現地の宣撫、対敵宣伝、対第三国宣伝等大きな効果のあつたことは疑いない。更に又主要なる戦闘を記録画として後生に残すべく、その資料を得る為に画家を現地に派遣することも行つた。

つまり軍宣伝班（報道班）や、作戦記録画のための「従軍」である。しかし、「凡ての美術家を従軍せしめることは不可能」であるから、美術家は「各自その可能な範囲で『役に立つ』方法を研究」する必要がある。そして平櫛によれば、それは美術家が、「日本国民としてこの戦争を勝ち抜く心構へを、彌が上にも昂揚せしむる作品を生む美術家」、つまり国民の戦意昂揚につながる作品を制作する美術家となることなのである。

こうした平櫛の主張は、総力戦下にあっては、文化（人）もまた戦争遂行に直接「役に立つ」ものでなければならないとする乱暴なものであり、文化論と

第 3 章　文化人のアジア太平洋戦争

呼ぶにも値しない。だがアジア太平洋戦争期とは、陸軍がこのような主張を堂々と主張し、少なくとも数百人におよぶ文化人を徴用した時代であった。

　アジア太平洋戦争期には、戦争を題材とする膨大な数のルポルタージュ、小説、絵画、彫刻、音楽、映画、演劇等々が作られた。このことは動かしがたい事実であり、それらを生み出した文化人たちの「戦争責任」を指摘することは容易である。だが戦争と文化の関係を歴史的に理解するためには、個々の文化人がどのような仕組みの中に置かれ、どのような状況に直面していたかがまず明らかにされる必要がある。戦時期文化の実像を描くためには、なお多くの研究が求められている。

註
1）　馬淵逸雄（1941）『報道戦線』改造社、18頁。
2）　前掲、馬淵『報道戦線』154頁。なお引用文中の「大毎」は大阪毎日新聞、「大朝」は大阪朝日新聞、「同盟」は同盟通信社を指す。日中戦争当時、朝日・毎日の両新聞は、東西で紙名が異なっていたが（大阪朝日と東京朝日、大阪毎日と東京日日）、朝日は1940年9月から『朝日新聞』、毎日は1943年1月から『毎日新聞』に統一した。本章では紙名統一以前を含め、朝日新聞社、毎日新聞社という呼称を用いる。
3）　朝日新聞百年史編修委員会編（1991）『朝日新聞社史　大正・昭和戦前編』朝日新聞社、502頁。
4）　向井潤吉（1939）『北支風土記』大東出版社。
5）　鶴田吾郎（1982）『半世紀の素描』中央公論美術出版、133頁。
6）　画家たちが「従軍」を志した背景については、河田明久（2010）「戦争美術とその時代・1932～1977」神坂次郎・福富太郎・河田明久・丹尾安典『画家たちの「戦争」』新潮社、92-109頁を参照。
7）　内閣情報部は、1937年9月、政府の情報宣伝活動を強化するため設けられた組織であり、1940年12月には情報局となった。職員は専任の情報官と、陸海軍や外務省などに属する兼任の情報官で構成されていた。
8）　陸軍恤兵部「文士戦地派遣計画ノ件」（1938年9月1日）、防衛省防衛研究所所蔵「陸支受大日記」（昭和13.8.30～13.8.26）（JACAR〔アジア歴史資料センター〕Ref. C07090877100）。
9）　「わらわし隊」については、早坂隆（2008）『戦時演芸慰問団「わらわし隊」の記録──芸人たちが見た日中戦争』中央公論新社を参照。
10）　宮操子（1995）『陸軍省派遣極秘従軍舞踊団』創栄出版、98頁。
11）　前掲、馬淵『報道戦線』530頁。

12) 井上祐子（2009）『戦時グラフ雑誌の宣伝戦　十五年戦争下の「日本」イメージ』226頁。
13) 恒石重嗣（1978）『大東亜戦争秘録　心理作戦の回想』東宣出版、89-90頁。
14) 町田敬二（1978）『ある軍人の紙碑——剣とペン』芙蓉書房、222頁。
15) 徴用文化人については、櫻本富雄（1993）『文化人たちの大東亜戦争　PK部隊が行く』青木書店、神谷忠孝・木村一信編（1996）『南方徴用作家　戦争と文学』世界思想社を参照。
16) 町田敬二（1967）『戦う文化部隊』原書房。
17) 横山隆一（1944）『ジャカルタ記』東栄社。
18) 冨永謙吾（1952）『大本営発表　海軍篇』青潮社、431頁。
19) 前掲、冨永『大本営発表　海軍篇』432頁。
20) 陸軍美術協会とは、1938年4月に設立された大日本陸軍従軍画家協会を前身とし、1939年4月に設立された陸軍従軍画家らの組織。同協会については、平瀬礼太（2008）「『陸軍』と『美術』——陸軍美術協会の活動と地方展開」『軍事史学』44巻1号、4-28頁を参照。

4 詩人・石原吉郎を読む
シベリア抑留者がとらえた戦争と人間

畑谷　史代

1　はじめに——なぜ「石原吉郎」なのか

　石原吉郎（1915-77年）の名に親しんでいる人は、おそらく中高年よりも上の世代に多いだろう。1950年代から70年代にかけて活動した詩人であり、第二次世界大戦後に旧ソ連の強制収容所「ラーゲリ」に抑留された体験（シベリア抑留）を、多くのエッセーに書き残したことでも知られる。[1]

　筆者は石原の足跡をたどり、石原を知る関係者を訪ね歩いて話を聴き、このほか長野県内を中心に抑留体験者を取材して、「石原吉郎　沈黙の言葉——シベリア抑留者たちの戦後」（2007-08年、信濃毎日新聞）という連載にまとめた。[2]この取材ノートをもとに、石原の抑留体験が何を問いかけているかを考察する。

　石原を知るきっかけは、2006年に沖縄の作家、目取真俊さんの対談を取材した折だった。[3]戦争をめぐる歴史認識の問題で、目取真さんは、自らの加害性を自覚し、そのことを深く考えることの重要性を指摘し、石原の名を挙げてエッセーの一節を引用した。「人間とは加害者であることにおいて人間となる」[4]と。

　この言葉を聞いたとき、これまで戦争体験の取材をするなかで抱えていたもどかしさを解くかぎがあるような気がした。

　戦争体験の多くはつらい記憶だ。それでも空襲を受けたことや敗戦後の引き揚げなど、被害について話してくれる人は少なからずいる。だが、加害に触れる体験はほとんど出てこない。

　聞く側のこちらの立ち位置も難しい。戦争を知らない世代である。質問をためらったり、ともすれば責める口調になったり、紋切り型の質問しかできな

かったりする。

　しかし、戦争を理解するカギは、やはり人間の「加害性」にあるのではないか。それを、他者を糾弾するのでなく、自らの問題として見つめることができないか——。そんな思いから、石原の発言の真意を知ろうと古書店で本を求めた。

　エッセーには、これまで読んだり聞いたりしてきた抑留体験とは異なる世界があった。強制収容所という極限状況におかれたとき、人間はどうなってしまうのか——。戦争と人間の本質を考えるうえでの手がかりと、現代に通じる課題が含まれていると感じた。これが、石原に取り組んだ理由である。

2　シベリア抑留

（1）概　要

　シベリア抑留とは、敗戦直後、ソ連軍によって旧日本軍の将兵などおよそ60万人が、シベリアやモンゴルなどに拉致、連行された歴史事実を指す。厚生労働省などの推計によると、収容所での過酷な強制労働などによりおよそ6万人が死亡した。[5]

　抑留の前史として、1931年の満州事変から始まり、45年の敗戦で終わる十五年戦争がある。敗戦後、旧満州（中国東北部）に展開していた関東軍に加えて中国や当時の朝鮮、樺太などからも将兵らが連行された。軍属や、女性も一部抑留された。満州に入植した開拓民が45年夏に現地召集され、すぐに敗戦となり抑留されたケースもあった。

　兵士らは夏服のままソ連に送られ、服装も装備も不十分なまま厳しい冬を迎えなくてはならなかった。戦争が終われば日本に帰れる——と思っていた兵士たちの落胆も大きかった。抑留中の死亡者は、最初の冬が最も多かった。

　第二次世界大戦でソ連は甚大な被害をこうむったため、復興の労働力としてラーゲリが期待された。日本人抑留者も各地で鉄道の敷設、工場などの建設、森林伐採、炭鉱労働などに従事した。「シベリア」と地名を冠しているため、日本では「抑留＝厳寒」という印象が強いが、実際は、抑留者はソ連全土に散

らばっていた。北極海に近い厳寒の地で働かされた人もいれば、中央アジアの砂漠地帯に送られた人もいる。

　日本人抑留者の場合、多くは4年前後で帰国している。ただ、石原吉郎は8年間、最長では抑留生活が11年に及ぶ人もいた。

（2）特　徴

　シベリア抑留は、極度の飢えと寒さ、重労働の「三重苦」と言われる。もうひとつの特徴は思想教育である。抑留者たちは「民主化運動」という名の共産主義教育を受けさせられた。背景には当時の世界情勢がある。東西冷戦のもと、ソ連側は、抑留者が日本に帰国した後に「協力者」となることを期待していた。

　民主化運動を通じて共産主義を心から信望した抑留者もいるが、日本に早く帰るために取り組む人が少なくなかった。ソ連当局の指導に従順で熱心に取り組む人ほど、早く帰国できると信じられていた。そこから悲劇が生まれた。民主化運動が過熱するあまり、積極的ではないとされる人を「反動」として当局に密告したり、抑留者同士でつるし上げたりして、凄惨なリンチ事件も起き、自殺に追い込まれた人もいた。

（3）強制収容所──ナチス・ドイツと、ソ連と

　強制収容所ときくと、アウシュビッツなど第二次世界大戦中にナチス・ドイツがつくった収容所を想起する人も多いだろう。そこでは囚人は過酷な労働を強いられたが、収容所の最終目的はユダヤ人の大量虐殺にあった。

　ソ連の強制収容所、「ラーゲリ」は、前述したように労働に比重が置かれている。1900年代のはじめにはすでに存在し、その後全土に網の目のように張り巡らされ、1950年代にはソ連経済の中心的役割を担うほどになったとされる。

　スターリン時代を中心に、ラーゲリは独裁政権の粛正装置としても機能していた。「政治犯」や少数民族など、体制にとって不都合な人はラーゲリへ送られ、第二次世界大戦後には旧日本兵のほか、ドイツ兵なども連行された。ラーゲリは1980年代にも存在し、ここを通過した囚人の数はおよそ1,600万人とも

言われている。[6]

（4）人間の「淘汰」

　ソ連に抑留された日本兵は、およそ10人に1人が亡くなるという高い死亡率だった。石原吉郎はラーゲリをどのような場所としてとらえていたか。エッセーでは〈他者の死を凌いで生きる〉場所と書いている（「強制された日常から」1970年）。自分が生き残るためには、誰かの命を犠牲にしなければならない。この生存競争が日々繰り返されていく場所。石原はこれを人間の「淘汰」と呼んだ。

　こうした囚人の関係性は、ナチス・ドイツの強制収容所の状況とも重なる。たとえば、アウシュビッツ強制収容所から生還したドイツの精神医学者V.E.フランクルの手記『夜と霧　ドイツ強制収容所の体験記録』[7]。あるグループのなかから、ガス室に送られる人を一定数選抜しなくてはいけない。となると、一人ひとりはどうすれば自分が行かないですむかを考えるのが自然のことで、結果的に病気の人など弱者が送られることになる──。

　なお『夜と霧』は、石原が日本に復員後に読んで、自身のシベリア体験を問い直すきっかけとなった書でもある。

3　石原吉郎と抑留──敗戦後の「戦争」

（1）敗戦まで

　石原吉郎の生い立ちと、抑留に至る経過を追ってみたい。
　1915（大正4）年、静岡県の西伊豆・土肥に生まれる。中学校を出た後、東京外国語学校（現東京外語大）ドイツ部へ進学。在学中に国際共通語である「エスペラント」に関心を持ち、校内にサークルをつくる。外国語が堪能だった。
　卒業後は大阪のガス会社に就職したが、1939（昭和14）年、24歳のときに召集される。その際、本人は〈幹部候補生を志願せず〉とある。エスペラントに通じていたり、北条民雄などの文学に傾倒していたり、キリスト教を信仰した

ことも影響したとみられる。

　外国語の習得に秀でていたことが、石原の運命を大きく変えていく。静岡の歩兵連隊に入ったが、ロシア語通訳に抜てきされ、旧満州・ハルビンの関東軍情報部に配属される。42年に召集解除された後も、民間会社に偽装した関東軍特殊通信情報隊にロシア語通訳として徴用された。

　当時、石原が戦闘地域に出向くことはなく、ソ連の無電を傍受して日本語に訳す仕事をしていたという。ハルビンはソ連国境からも日中戦争の前線からも離れていたため、身の危険を感じることはなかったという。45年8月の敗戦を29歳で迎え、その年の12月、ソ連軍に連行される。

　後に石原は、「自分は戦争が終わる前に死ぬだろう」と考え、この戦争を生き残るとは想像していなかった——と書いている。〈戦争がまちがいなく終わったとき、待ちこがれたものがいよいよやって来たといった実感はさっぱり湧かず、奇妙な狼狽や混乱だけが私に残った〉〈関東軍にとって、困難な戦いは実はそれからであった〉（「私の八月十五日」1965年）。石原にとって、シベリア抑留こそが真の「戦争」だった。

（2）8年に及んだ抑留

　抑留生活のなかで石原吉郎はソ連各地を転々とする。最初の地は内陸部のカザフ共和国アルマ・アタ（現カザフスタン・アルマトイ）。寒さと飢餓に苦しみながらも1年目の冬を生きながらえた。その後、世界情勢の変化にも翻弄される。

　東西冷戦による米ソの対立が激しくなるなか、日本人捕虜がソ連の西側に対する"人質"のような役割を担った時期があった。ソ連としては、これから先の日本とのさまざまな交渉を考えると、手元に抑留者を残しておきたいという思惑があり、日本人抑留者の帰国が進む一方、石原ら諜報機関関係者、関東軍幹部らはソ連の「戦犯」とされ、より過酷な環境の収容所に送られた。

　石原は「戦犯」として重労働25年の刑を言い渡された後、1949年から50年にかけて、バイカル湖の西方にあるバイカル・アムール鉄道（バム鉄道）沿線の収容所に送られる。北緯50度以北の密林地帯で1年間、森林伐採などの作業に従事した。極度の栄養失調と疲労で、半死半生の状態で過ごした。

50年秋に極東のハバロフスクへ送られ、3年間を過ごす。その後ナホトカに移送され、スターリンの死去に伴う特赦で53年12月、日本に帰国した。
　京都・舞鶴に上陸し、軍籍を離れた53年12月2日を、石原は〈私にとっての戦後がはじまるのは、形式的にも実質的にもこの日からである〉（同）と振り返っている。
　日本の終戦は1945年8月15日。だが石原の「戦争」はそれから始まり、8年後にようやく終わる。このズレが、帰国後の苦悩を生んだ。

4　帰国——戦後社会との断絶

　日本に帰ってきてから、石原吉郎はさまざまな困難に直面した。
　帰国した1953（昭和28）年は、終戦直後の混乱の名残はあるにしても社会の復興が進み、朝鮮戦争の特需で経済も回復しつつあった。石原らは「戦争から遅れて帰ってきた人」とみなされ、抑留体験への共感や理解が得られにくかった。
　東西冷戦のさなか、ソ連から帰ってきた抑留者に対する周囲の目は冷たかった。共産主義者のレッテルを貼られ、差別的に「アカ」と呼ばれた。就職や結婚ができなかったり、警察の尾行がついたり、近所から村八分に遭うなどの排斥を受けた人もいた。
　石原も疎外され、偏見を持たれた。帰国から6年の後、親族に宛てて書いた手紙（「肉親へあてた手紙——1959年10月」）のなかで、帰国直後の心情と憤りをつづっている。
　——苛酷な抑留生活のなかで支えになったのは、自分は決して「犯罪者」ではなく、日本の「戦争の責任」と「義務」を身をもって背負ってきたということ。そしてまた、このことだけは必ず日本の人たちに理解してもらえるという安心感だった。
　けれど帰国後にはっきりしたことは、〈私たちが果したと思っている〈責任〉とか〈義務〉とかを認めるような人は誰もいないということ〉で、〈せいぜいのところ〈運のわるい男〉とか〈不幸な人間〉とかいう目で私たちのことを見

第4章　詩人・石原吉郎を読む

たり考えたりしているにすぎないということ〉だった。

　しかも、そのような浅薄な関心さえもまたくまに消え去って行き、私たちはもう完全に忘れ去られ、無視されて行ったのです。
　ところが、完全に忘れ去られたと思っていた私たちを、世間は実は決して忘れてはいなかったのだということを、はっきり思い知らされる日がやってきました。私ばかりでなく、ほとんどの人が、〈シベリヤ帰り〉というただ一つの条件で、いっせいにあらゆる職場からしめ出されはじめたのです。
　私は、このような全く顚倒したあつかいを最後まで承認しようとは思いません。誰がどのように言いくるめようと、私がここにいる日本人——血族と知己の一切を含めた日本人に代って、戦争の責任を「具体的に」背負って来たのだという事実は消し去ることのできないものであるからです。

　石原は復員時、38歳になっていた。なかなか就職先が見つからず、アルバイトで食いつないだ。臨時職員のポストを得たのは帰国から5年後。それも抑留者の紹介だった。

　石原が最も打撃を受けたのは、帰国の直後に故郷を訪ねたときの親族の対応だった。そのくだりも「手紙」にある。
　抑留中に両親は死亡していた。石原は、「親代わり」という親族から、「アカ」ではないことをはっきりさせてほしい、「アカ」であるならつきあいを断る——と言われる。〈私は伊豆へ着くや否やいきなり絶望しました〉。この後、二度と故郷に足を踏み入れなかった。
　東京に戻った石原は、自身の抑留体験の問い返しを始める。数年後、自分の考えを整理し、故郷との絶縁を宣言するために書かれたこの「肉親へあてた手紙」は、図らずも日本人の戦争責任について、戦後社会のありようについての問いかけとなっていた。
　この文面が知人を通じて67年秋、詩の同人誌に掲載され反響を呼ぶ。これがきっかけとなり、石原は69年から抑留体験を書き始め、亡くなる77年までエッセーを量産した。
　裏を返せば、石原は帰国後16年間、抑留体験について一切の沈黙を守ってい

た。その内心の葛藤は深かった。後に、〈私が散文を書き出すまでの十五年ほどの期間は、外的な体験の内的な問い直しと、問い直す主体ともいえるものを確立するための、いわば試行錯誤のくりかえしであったといえる〉と振り返り、代表的なエッセー集『望郷と海』に収めた10篇のエッセーについて、いずれも〈(問題に) 追いすがられて書いたとしかいえない〉(「『望郷と海』について」、初出年不明)としている。

5　抑留体験の核心

(1) 極限状況における人間の本質

　では、石原は何を伝えようとしたのか。代表的なエッセーから見てみたい。
　抑留体験の核心は、大きく分けて2つある。ひとつは、強制収容所という極限状況におかれたとき、何が起きるのか。人間のどのような姿があらわになるのか。
　「強制された日常から」(1970年)で、抑留中に幾度かあった囚人の「淘汰」について書いている。

>　最初の淘汰は、入ソ直後の昭和二十一年から二十二年にかけて起り、私の知るかぎりもっとも多くの日本人がこの時期に死亡した。死因の圧倒的な部分は、栄養失調と発疹チフスで占められていたが、栄養失調の加速的な進行には、精神的な要因が大きく作用している。それは精神力ということではない。生きるということへのエゴイスチックな動機にあいまいな対処のしかたしかできなかった人たちが、最低の食糧から最大の栄養を奪いとる力をまず失ったのである。およそここで生きのびた者は、その適応の最初の段階の最初の死者から出発して、みずからの負い目を積み上げて行かなければならない。

これに続けて、フランクルの『夜と霧』の一節を引いている。

>　すなわちもっともよき人びとは帰って来なかった。

　つまり、人に何かを譲ったり良心的にふるまったりする人たちは、収容所の中では生き残ることができない。好むと好まざるとにかかわらず〈他者の死を

凌いで生きる〉場が収容所である。石原は実例を挙げている。

　——収容所の1日の食糧には厳重な枠があった。労働にはノルマがあり、食事の量は作業量に応じて分配される。このため、乏しい食糧をめぐって囚人同士は常に労働力を競う状態に置かれる。たくさん働いた人には大きなパンが、少ししか働けない者には小さなパンが行く。1日の総量が決まっているなかで、大きなパンを得ることは、すなわち他の囚人のパンを奪うことにほかならない。総量が決まっている以上、増食の量も知れている。とはいえ、食べなくては死んでしまう極限状況のなかでは、だれもが体力をふりしぼってこの競争に立ち向かわざるを得ない。そして弱者が「淘汰」されていく。これを延々と繰り返す日常のなかで、囚人の間に〈救いようのない相互不信〉が募っていく。

　　このような食事がさいげんもなく続くにつれて、私たちは、人間とは最終的に一人の規模で、許しがたく生命を犯しあわざるをえないものであるという、確信に近いものに到達する。

69年に発表した「ある〈共生〉の経験から」では、極度の飢餓状態に置かれた囚人の間に生まれたある"慣習"について書いている。

　——石原が最初に送られた収容所では、極端に食器が不足していた。このためスープや粥は2人分をひとつの飯盒に入れて渡され、抑留者はやむを得ず2人ずつ組むことになった。最初は親しい者同士で組んだが、そのうちに親しかろうと嫌っていようと、状況は変わらないことが分かった。なぜなら、食事を正確に二等分しなければならないというぎりぎりの緊張関係が続くうちに、遅かれ早かれ2人は険悪になるからだ。

絶対的に食糧が不足している状況では、少なくとも、相手よりも自分の量が少ないということは容認できない。お互い、生き残るためには。このため食事を分けるときは、相手は手もとを凝視し、完全に公平を図らなくてはいけない。〈食事の分配が終ったあとの大きな安堵感は、実際に経験したものでなければわからない〉と書く。相手への敵意や警戒心は消え去り、相手の存在さえ忘れて〈一人だけの〉食事を終える。

　　食事の分配を通じて、私たちをさいごまで支配したのは、人間に対する〈自分自

身を含めて）つよい不信感であって、ここでは、人間はすべて自分の生命に対する直接の脅威として立ちあらわれる。しかもこの不信感こそが、人間を共存させる強い紐帯であることを、私たちはじつに長い期間を経てまなびとったのである。

相手にひたすら憎悪と猜疑心を向け合いながら、協力しあう関係。そうした収容所内の人間関係のなかに、石原は「民主主義」の本質をみいだす。

> 私たちは、ただ自分ひとりの生命を維持するために、しばしば争い、結局それを維持するためには、相対するもう一つの生命の存在に、「耐え」なければならないという認識に徐々に到達する。これが私たちの〈話合い〉であり、民主主義であり、一旦成立すれば、これを守りとおすためには一歩も後退できない約束に変わるのである。

あまりに悲観的なものの見方と感じる人もいるだろう。ポジティブに捉えられることの多い「民主主義」の概念との落差も大きい。ただ、これも極限状態であらわになる人間のひとつの姿であり、石原がラーゲリの体験からつかんだ真実である。

（2）加害性の自覚

抑留体験を問い返すことは、石原吉郎自身の「加害性」を見つめていく過程にほかならなかった。収容所の日常を例に挙げている。

——囚人たちは毎日、作業現場への行き帰りに5列の隊列を組まされ、その前後左右に自動小銃を持ったソ連兵が監視についた。少しでも隊列からはみ出た者は、たとえばそれが凍った雪道で足を滑らせてよろけただけでも、監視兵は迷わず引き金を引く。だから囚人たちは争って内側の3列に割り込もうとし、弱い者を外側へ追いやった。

そうした場で、しかし、〈どんなばあいにも進んで外側の列にならんだという〉（「ペシミストの勇気について」1970年）1人の友がいた。彼の姿を通して、石原は、「被害」と「加害」について、思索を深めていく。

最も過酷だったバム地帯のラーゲリを生き延びて、ハバロフスクへ移された後の時期を、石原は〈恢復期〉と呼ぶ。〈この時期に私たちは、自由ということについて実に多くの錯誤をおかした〉（「強制された日常から」）とし、〈最大の

錯誤は、人を「許しすぎた」こと〉と続ける。

> 「おなじ釜のめしを食った」という言葉が、無造作に私たちを近づけたかにみえた。おなじ釜のめしをどのような苦痛をもって分けあったということは、ついに不問に附されたのである。たがいに生命をおかしあったという事実の確認を、一挙に省略したかたちで成立したこの結びつきは、自分自身を一方的に、無媒介に被害の側へ置くことによって、かろうじて成立しえた連帯であった。(中略)それはまぎれもない平均的、集団的発想であり、隣人から隣人へと問われて行かなければならないはずの、バム地帯での責任をただ「忘れる」ことでなれあって行くことでしかない。私たちは無媒介に許しても、許されてもならないはずであった。

戦争が終われば本来であれば本国へ返されるべき捕虜が、拉致され重労働を強いられ、命からがら帰国した——。

抑留者は総体で見れば、ソ連による理不尽な管理の犠牲者であり、被害者であることに間違いない。けれど石原は、自分を「被害者」という立場に置くと、見えなくなってしまうものがあることに気づく。それは、個としての自分自身が、ラーゲリを生きのびるなかで時には同じ抑留者の命を押しのけた「加害者」であったという事実だ。

石原が到達した〈人間とは最終的に一人の規模で、許しがたく生命を犯しあわざるをえないものである〉(「強制された日常から」)という確信は、ラーゲリでの自分自身を厳しく突きつめた結果でもあった。

人間というものは、本質的に暴力性や権力性をはらんでいる存在なのだ。たとえば自然発生の市民運動も、あるいは1対1の人間関係でさえ、権力性や暴力性から完全に自由にはなれない——。石原の見いだしたものは限りなく苦い。

しかし、自らの加害性を自覚することは、逆説的に聞こえるかもしれないが、極限状況にあっても、人としての尊厳と精神の自立を失わないための手がかりとなるだろう。「人間は、つねに加害者のなかから生まれる」という石原の言葉を、私はそう理解する。

(3) 固有の死、固有の生

石原吉郎は「肉親へあてた手紙」(1959年)で〈私自身にこののちにも担って

行かなければならない多くのいたみと、私自身の死者の記憶がある〉と吐露している。石原のエッセーの背後には、抑留中に亡くなった死者の影が色濃くある。

　一連のエッセーを貫くメッセージを、筆者はこう受け取る。私たちが生きているこの戦後社会は、戦争（と、それに伴う抑留）の死者の上に築かれている。そのことを忘れないでほしい、その死者の一人ひとりを——。抑留体験のもうひとつの核心である。

　ラーゲリで囚人は私物を取り上げられ、髪を剃られ、同じ服を着せられる。亡くなってもどこの誰か分からず、遺体が埋葬された地も記録されない——。そうした「無名の死」を、石原は数多く目撃した。「確認されない死のなかで——強制収容所における一人の死」（1969年）でこう書いている。〈死においてただ数であるとき、それは絶望そのものである。人は死において、ひとりひとりその名を呼ばれなければならないものなのだ〉

　人間が人間であることを否定され、「数」や「労働力」としてくくられる場所で、自分が自分であるために最後にただひとつ残されたしるし。それは名前しかないということに気づいていく。

　　　ジェノサイド（大量殺戮）という言葉は、私にはついに理解できない言葉である。ただ、この言葉のおそろしさだけは実感できる。ジェノサイドのおそろしさは、一時の大量の人間が殺戮されることにあるのではない。そのなかに、ひとりひとりの死がないということが、私にはおそろしいのだ。人間が被害においてついに自立できず、ただ集団であるにすぎないときは、その死においても自立することなく、集団のままであるだろう。

（4）現代へ通じる問いかけ

　石原吉郎のこうした考えは、結果として戦後の平和運動のあり方への問いかけとなった。

　第二次世界大戦末期に起きた東京大空襲や広島、長崎への原子爆弾投下などの戦争被害を訴える際、その悲惨さを強調するために、膨大な死者の数に焦点を当てることがしばしばあった。石原は「三つの集約」（1972年）のなかで、広

島の平和運動について厳しい調子で異を唱えた。

> 　私は、広島告発の背後に、「一人や二人が死んだのではない。それも一瞬のうちに」という発想があることに、つよい反撥と危惧をもつ。一人や二人ならいいのか。時間をかけて死んだ者はかまわないというのか。戦争が私たちをすこしでも真実へ近づけたのは、このような計量的発想から私たちがかろうじて脱け出したことにおいてではなかったのか。
> 　「一人や二人」のその一人こそ広島の原点である。年のひとめぐりを待ちかねて、燈籠を水へ流す人たちは、それぞれに一人の魂の行くえを見とどけようと願う人びとではないのか。

　死者を数でくくることもまた、暴力的な行為である。そのことを石原は、シベリアのラーゲリでその身に刻んだ。これもまた、人間の尊厳にかかわる今日的な問いにつながる。

　筆者自身、新聞社で仕事をしていて、自問することがある。大きな事故や災害が起きたとき、速報で入ってくる亡くなった人の数が、刻々と増えていく。その事実の重大さに押しつぶされそうになりながら、石原の言葉を思い返す。死者の数で軽重をとらえてはいけない、亡くなった一人ひとりに名前があって、家族がいる。そのことを胸に刻み――。

　新聞連載では、イラク戦争で死亡した米兵が2,000人に達したとき、米国紙が亡くなった兵士の顔写真を特集したことに違和感を覚えた日本人の男性の話を取り上げた。

6　晩年――心のなかで続く「戦争」

　〈生き残ったという複雑なよろこびには、どうしようもないうしろめたさが最後までつきまとう〉（「確認されない死のなかで」1969年）と石原吉郎は記す。エッセーを書くにつれ、生き残った者の罪悪感、「サバイバーズギルト」にさいなまれていった。

　石原に限らず、抑留体験を残そうとした人たちに少なからず共通する点がある。作業のさなかは当時の状況がありありとよみがえる。極度の緊張を強いら

れるため、心身への負担は重く、現在の生活にまで影響が出てしまう。

　抑留体験を書くなかで石原の酒量は増え、一時は治療が必要な状態に陥った。最後は飲酒の後に自宅の風呂で急死する。親交があった詩人は「抑留のエッセーを書かなければ、石原さんはもっと長く生きられたかもしれない」と惜しんだ。石原の晩年は、戦争が終わった後も体験者の心のなかで続く「戦争」の悲惨さと、癒えることのない傷を示唆している。

　もうひとつ、胸に留めておきたいことがある。これほどまで自らの体験と向き合った石原にも、書けないことがあった。数あるエッセーのなかに、自らがどのようにしてラーゲリを生き残ったのか、具体的な話はない。自らの「加害」の核心については、どうしても書けなかったのではないか。

　戦争や抑留を体験した人たちは、消えることのない記憶を心のうちに封じこめている。戦後70年近くを経た現在も、語るべきか、沈黙するのか、せめぎあいの渦中にある人もいるだろう。かつての石原のように。

　そうした人たちは、私たちの身近に、もしかしたらすぐ隣にいる。それがこの戦後社会である。いまでは高齢となった一人ひとりの体験について、語れないことは語れないまま、耳を澄ませていく。それが、戦争と人間というものを理解する道すじになると思う。

7　おわりに——善なる魂

　石原吉郎はシベリアのラーゲリから出発して人間の負の面をひたすら突き詰めていった。このため、彼のエッセーだけを読むと、人間不信に陥りそうになる。

　もちろん、人間には善なる面があり、極限状況でそれが発揮された事実もある。評論家で翻訳家の高杉一郎による『極光のかげに』や、画家の香月泰男の『私のシベリヤ』など、さまざまな抑留体験記に触れてほしい。

　『夜と霧　新版』にも、こんなフランクルの言葉がある。

　　わたしたちは、おそらくこれまでのどの時代の人間も知らなかった「人間」を

知った。では、この人間とはなにものか。人間とは、人間とはなにかをつねに決定する存在だ。人間とは、ガス室を発明した存在だ。しかし同時に、ガス室に入っても毅然として祈りのことばを口にする存在でもあるのだ。

人間には善と悪の両面がある。それは二項対立ではなく、常に複雑に入り混じって存在する。

筆者は、石原の善なる面が最も純粋に発露されているのは、詩ではないかと思う。

たとえば、デビュー作の「夜の招待」（1954年）。日本に帰ってきてまもない時期に書かれ、「現代詩手帖」の前身の文芸誌に初投稿、特選となった。伸びやかで幻想的なこの詩は、選者だった谷川俊太郎に「詩以外のなにものでもない」と評された。

抑留体験を問い返し、自らを責め続けたエッセーは、重く、息が詰まる。詩に触れた人は、エッセーと同一人物とは思えないと驚くか、あるいは、うなずくだろうか。現在は入手が難しい本も少なくないが、今回を入口に、エッセーを手に取ってもらいたい。とともに、詩もぜひ味わってもらいたい。「石原吉郎」と出会う人が増えれば、これにまさる喜びはない。

最後に詩「夜の招待」を引いておきたい。

　夜の招待

　窓のそとで　ぴすとるが鳴って
　かあてんへいっぺんに
　火がつけられて
　まちかまえた時間が　やってくる
　夜だ　連隊のように
　せろふあんでふち取って──
　ふらんすは
　すぺいんと和ぼくせよ
　獅子はおのおの
　尻尾をなめよ

私は　にわかに寛大になり
もはやだれでもなくなった人と
手をとりあって
おうようなおとなの時間を
その手のあいだに　かこみとる
ああ　動物園には
ちゃんと象がいるだろうよ
そのそばには
また象がいるだろうよ
来るよりほかに仕方のない時間が
やってくるということの
なんというみごとさ
切られた食卓の花にも
受粉のいとなみをゆるすがいい
もはやどれだけの時が
よみがえらずに
のこっていよう
夜はまきかえされ
椅子がゆさぶられ
かあどの旗がひきおろされ
手のなかでくれよんが溶けて
朝が　約束をしにやってくる

註
1）　石原吉郎の詩、エッセー、対談、書簡などの著作は、没後に出版された鮎川信夫・粕谷栄市編集（1979-80）『石原吉郎全集Ⅰ・Ⅱ・Ⅲ』花神社に網羅されている。エッセーは第2巻「全評論」から引用し、タイトルと初出年を示した。現在手に入りやすい著作は、主な詩とエッセーを収めた（2005）『石原吉郎詩文集』講談社文芸文庫。代表的なエッセー集（1972）『望郷と海』筑摩書房は、2012年にみすず書房から出ている。
2）　畑谷史代（2009）『シベリア抑留とは何だったのか──詩人・石原吉郎のみちのり』岩波ジュニア新書。
3）　2006年10月17日付信濃毎日新聞文化面対談「『沖縄』を見つめる」。
4）　前掲、鮎川・粕谷『石原吉郎全集Ⅱ』49頁（「ペシミストの勇気」1970年）。正確には、《《人間》はつねに加害者のなかから生まれる》。
5）　日本人のシベリア抑留をめぐる書籍、文献は多岐にわたる。主な参考文献は以下の

通り。「ソ連における日本人捕虜の生活体験を記録する会」編『捕虜体験記』(全8巻)、カルポフ,ヴィクトル (2001)『シベリア抑留 スターリンの捕虜たち』長勢了治訳、北海道新聞社、長谷川毅 (2006)『暗闘 スターリン、トルーマンと日本降伏』中央公論新社。

6) 旧ソ連の強制収容所の歴史と全体像の解明に取り組んだ近著にアプルボーム,アン (2006)『グラーグ ソ連集中収容所の歴史』川上洸訳、白水社。
7) 『夜と霧』は、霜山徳爾訳本 (1956) と、池田香代子訳『新版』(2002) の2つがある。いずれもみすず書房刊。

5 暴力と戦争のトラウマに向き合う心理学

村本　邦子

1　はじめに

　1990年、大阪に女性ライフサイクル研究所を立ち上げ、臨床心理士として、20数年、虐待、性暴力、DVなど、女性と子どもへの暴力とトラウマに取り組んできたが、やればやるほど、暴力とその影響の時間的・空間的広がりを知るようになった。個々の臨床事例を通して子どもの問題を遡ると、親世代の暴力、そしてもう一世代遡ると、戦争というマスレベルの暴力に行き着く。避けて通れない問題の根は、過去の戦争によるトラウマにあるのではないか。敗戦後、戦地から帰ってきた青年たちは、過去を振り返らないよう大慌てで結婚し、たくさんの子どもたちが生まれた。焼け野原となった日本を建て直すために、皆が必死だったはずだ。しかし、想像を絶する非人間的な経験を抱えてしまった男性たちに、どのような家族を作ることができただろう。こうして次世代が育てられ、さらに次の世代が育てられた。
　抑え込まれたトラウマは、再体験、麻痺・回避、過覚醒という症状をもたらす。再体験の例には事欠かなかった。「戦地から帰ってきた父親は、毎晩のように悪夢にうなされていた」と語る娘たちの証言をたくさん聞いた。上の世代の女性から「戦地から帰った兵隊さんは、みんな家で暴力をふるっていたのよ」と耳打ちされたこともある。PTSD（posttraumatic stress disorder、心的外傷後ストレス障害）の診断名が確立するきっかけとなったベトナム帰還兵の問題も、アルコール依存と家庭内暴力だった。自分の感情とつながらず、家族と絆を結べない男性たちの麻痺・回避は、そのまま日本人男性の問題だった。それ

を補うかのように、過労死するまで働き続け、奇跡的な経済復興を遂げたのは、まさに過覚醒によるものではなかったか。行き着くところまで行き着いた、先の見えない今がある。

　1990年代、予防の重要性を痛感し、暴力とその影響についての社会啓発とともに、暴力防止教育を試みていた。子どもたちに暴力を用いない葛藤解決を教えながら、実際には世界の秩序は武力でもって保たれようとしていることの矛盾を感じるようになった。「政府が殺人の仕方を訓練しておきながら、今度は、暴力を使うなって教育するのかよ」とは、DV加害者プログラムに参加したイラク帰還兵の言葉である[1]。暴力の問題は、ミクロからメゾ、マクロまでつながっている。

　ブルームは、トラウマをウィルスになぞらえ、トラウマ・ウィルスの感染症は公衆衛生の問題であるとした[2]。このウィルスは、関わった人から人へと感染し、世代を超えて受け継がれていく。したがって、暴力によるトラウマは、個人の治療だけではどうすることもできない。たとえ1人を治したとしても、社会にウィルスがはびこっている限り、再度、感染するのは時間の問題である。ましてや、戦争をはじめとしたマスレベルの暴力・破壊は、トラウマ・ウィルスを一挙に蔓延させ、新たなる暴力を生み出す。いわゆる暴力の連鎖である。心理臨床家としてこれにどのように関われるのかというのが私の問題意識であった。

2　HWH（Healing the Wounds of History、歴史の傷を癒す）との出会い

（1）HWHとは

　このような中で、2007年3月、立命館大学で行われたアルマンド・ボルカス（Armand Volkas）によるプレイバックシアター「戦後世代が受け継ぐアジアの戦争」に参加し、HWHと出会った。ボルカスはユダヤ系アメリカ人で、レジスタンス運動家だったホロコースト・サバイバーの二世である。彼は、両親から引き継いだ過去の遺物を表現するものとして演劇に出会い、演劇を通してユダヤ人文化を創造しようと試みていた。1970年代半ば、在米のホロコースト・

サバイバーの二世たちのサポートグループに関わるなかで、だんだん、それが被害者意識を永続させているだけだと感じるようになったという。彼の興味は、被害者意識の変容だった。そんな時、ドラマセラピストとして、若い殺人犯のセラピーに関わり、人がどうやって、拷問、レイプ、殺人のような人間性を奪う行為に及ぶのか、ホロコーストの裏にある悪を理解したいという衝動に駆られるようになる。1980年代終わり、ナチスの子どもたちと一緒にワークを始め、HWHの手法を開発し、イスラエル人とパレスチナ人、アルメニア人とトルコ人など、大量殺戮や闘争の経験を持つ集団間の和解にこのアプローチを使ってきた。

 (2) HWHとの出会い

　これは、非常に印象深い出会いだった。プレイバックシアターでは、観客の1人が自分の経験を語り、役者たちがそれを即興劇として再現し、参加者全員で共有する。シアターが始まるや否や、フロアから、ファシリテーターが原爆を落としたアメリカから来ていることを指摘し、「日本こそ被害者なのだ！」という強い感情を伴う叫び声があがった。フロアは一瞬、凍りついたが、ボルカスは、冷静に、そして真摯にこれを受け、この声はプレイバッカーたちによって演じられた。ふだんならば怒りで一杯になるところであるが、舞台を見て、このような発言の奥にある深い哀しみと傷つきが胸に落ち、涙が出た。感情的な闘争になることなく、誰1人、裁かれたり、場外退出になったりすることもなく、シアターは、静かに、次のエピソードへと進んでいった。

　シアターでは、提供されたエピソードから、1人ひとりの中にある様々な声を注意深く聴き取って、役者たちがそれぞれに演じる。あたかも、どんな声も無視されず、聴き取られる権利があるのだと言わんばかりに。ひょっとすると、殺しは、自分の中にある声のどれかを殺すことから始まるのかもしれないと思った。すべての声を救うために、他者が全身全霊で耳を傾け、共感しようと努力すること、それをたくさんの人々が証人として見守ることによって、どんな声も必ずや変容していくのだと感じた。

　このイベントを企画した村川治彦を中心にした「こころとからだで歴史を考

える会」の考えはこうである。これまで、日本における多くの歴史教育や平和教育が、客観的事実に重きを置いて、そこからもたらされる様々な感情を置き去りにした結果、若い世代にとって、戦争の記憶が意味ある形で伝わらず、自らの生き方につながる出来事として受け取ることが困難だったのではないか。南アフリカの真実和解委員会は、4つの真実、すなわち、①事実としての、あるいは法廷の真実、②個人にとっての、また語りとしての真実、③社会的あるいは対話的真実、④癒し、修復する真実という考え方を提示するが、とくに、②個人としてや、語りとしての真実、③社会的あるいは対話的真実によって、日本の若者が他国の若者たちと自らの感情にしっかりと根ざした対話を行い、共に、④癒し、修復する真実に向けて新たな関係性を築く道が開かれることを期待しての企画だったという[3]。

（3）南京を訪れて——「二次受傷」の課題

　南京事件70周年にあたる2007年11月、この会のメンバーたちと一緒に、南京師範大学で開催された国際会議「南京を思い起こす」に参加した。この会議は、上記の考えに基づき、参加者がそれぞれの見解、感情を表現することを奨励し、日中戦争と南京の悲劇について、心を開き、互いの声を深く聴くことを目的としていた。日本、中国、その他の国々からの参加者が、共に生存者の話を聞き、殺害の行われた地を訪れ、慰霊の儀式を行った。全員で、また、グループに分かれて、思いを分かち合う時間を取り、合間に体を動かすセッションや音楽のセッションが盛り込まれていた。中国の若い人たちは、私たちを暖かく迎えてくれ、「日本の若い人たちと交流したい。次は、是非、立命館大学の学生たちを連れてきてください」という強い希望が表明された。私たちは、若い人たちを連れて、ここに戻ってくる決意をした。

　ひとつだけ課題があった。「二次受傷」である。これは、自分自身が直接、体験したことでなくても、悲惨な体験を負った人の話を聞いたり、現場を目撃したりすることで被害者と同様にトラウマ反応やトラウマ症状が起こることを指す。平和教育と称して、子どもたちに残忍な戦争の場面を見せたり、悲惨な話を聞かせたりすることによって、子どもたちが傷つき、逆に、戦争のことな

どもう考えたくないと感じてしまうことがあるのは、日本の平和教育が抱えてきた問題であると考えている。南京を訪れた日本人たちは皆、激しい頭痛や吐き気、発熱や体の痛みなどの身体症状を経験した。南京虐殺の話を聞き、写真を見て傷ついたというばかりでなく、加害者側の子孫であるということに直面したことによる傷つきはさらに大きかったと思う。そこで、南京にボルカスを招き、次は、HWH の手法を使って日中の若者の交流を行うことにした。

　加害者側の暴力による影響をトラウマと呼ぶことには弊害もあろう。被害者と加害者をあたかも同等に扱っているように感じられるからである。ここではっきりさせておきたいことは、特定の暴力について、加害者には絶対的責任があるということである。加害者が、別の関係においては被害者だということはあり得るが、それは、決して加害の責任を帳消しにするものではない。

3　HWH の理論と実践

（1）HWH の理論

　ボルカスによれば、HWH には、次のような5つの前提がある[4]。①集合的トラウマは集団によって共有され、社会全体に大きな影響を与える可能性がある、②親世代が意識せず、表現されなかった悲哀というトラウマは、世代間連鎖によって次世代に引き継がれる、③歴史のトラウマは、文化的・国家的アイデンティティと自己評価に否定的影響を与える、④人は誰もが、潜在的に加害者となる可能性を持ち、一定の条件下にあれば、非人間的で残虐な存在になり得る、⑤私たちが人間存在の中にある欲求、情動、無意識的衝動を理解し、考慮できるようになるまで、国際紛争の永続的な政治的解決はない。

　ここにあるのは、戦争などマスレベルのトラウマは、社会全体に影響を及ぼし、世代を超えて受け継がれ、その影響が解消されない限り、戦争は繰り返されるという臨床心理学的理論モデルである。その目指すところは、①文化的・国家的アイデンティティを認識し解体すること、②国際的な葛藤解決とコミュニケーションの仕方を学ぶこと、③個人的、集合的悲哀と服喪を経ること、④共感の文化を創造すること、⑤苦しみから意味を創造することであり、そのプ

第5章　暴力と戦争のトラウマに向き合う心理学

ロセスは、①タブーや沈黙を破る、②お互いを集団としてではなく、1人ひとりが独自の物語と顔を持つ人間として見る、③自分の中の加害者になる可能性に気づく、④深い悲哀の体験、⑤パフォーマンス、儀式、追悼などの統合・表現と共同作業、⑥社会的な奉仕や創造的活動への変換という6つのステップを踏む。

　このステップを見ると、HWHがトラウマ治療のモデルを超えて、社会的アクションにつなげていく方向性を持っていることがわかるだろう。たとえば、5つ目のステップ「パフォーマンス、儀式、追悼などの統合・表現と共同作業」は、一般公開され、ワークショップに参加していない人々の意識に触れることになり、和解という癒しの効果を社会につなげることができる。最終段階では、ワークショップで達成されたことを世界に広げるために、それぞれが創造や奉仕をする決意をすることで、不正を終わらせ、起こった不正に対する償いを助け、個人的体験を社会へと橋渡しするのである。

（2）HWHを使った試み

　私たちは、このモデルを使って、表1のような試みをしてきた。とくに、2009年、2011年のワークショップは、立命館大学（日本）、南京師範大学（中国）、カリフォルニア統合学研究所（米国）の協働により、4日間に及ぶインテンシブなものである。

表1　HWHを使った試み

2008年7月	「こころとからだで考える歴史のトラウマ〜アジアの戦後世代が継承する戦争体験」ワークショップとプレイバックシアター	立命館大学
2009年3月	"Japanese and Chinese Cultures: Facing the Legacy of World War II"	サンフランシスコ
2009年10月7〜10日	国際セミナー「南京を思い起こす2009」	南京師範大学
2010年10月1・2日	トロントアルファ国際会議でのワークショップ	トロント大学
2011年8月6・9日	第3回国際表現性心理学会でのワークショップ	蘇州大学
2011年10月5〜8日	国際セミナー「南京を思い起こす2011」	南京師範大学
2012年4月28日〜5月5日	国際シンポジウム「人間科学と平和教育」 セミナー「こころとからだで考える歴史と平和」	立命館大学

77

紙幅の関係上、ここでプログラムの詳細を紹介することはできないが、2009年と2011年のプログラムの詳細は、インターネット上で公開している。[5]

（3）国際セミナー「南京を思い起こす2009」の紹介

2009年に南京師範大学で行われたワークショップのプログラムは表2のようなものであり、25名の参加者で実施された。

ここでは、いくつかの例を紹介したい。たとえば、ウォームアップ・エクササイズのなかに、「台詞の繰り返し」というものがある。これは、2人がペアになり、「欲しいよ！」「ダメだよ！」、あるいは、「ごめんなさい」「ひどいよ！」という2つの台詞を交互に繰り返し言い続けることで湧いてくる感情を味わうというものである。日本人と中国人がペアになって、「ごめんなさい」「ひどいよ！」を繰り返すことで、参加者たちは複雑な気持ちを体験した。「ひどい、ごめんをくりかえすことが辛く感じられた」「許してもらえないが、謝ることですっきりしていく」という感想や、中国人に対して「ひどいよ！」と言い続け、「ごめんなさい」と言わせる立場になった日本人参加者の居心地の悪さ、逆に、中国人参加者が、「ごめんなさい」と日本人が言い続けるのに、「ひどいよ！」と言い続けるなかで、自分の声がどんどん小さくなっていき、「相手の透き通るような目で自分の心の一番柔らかい場所を打ち抜かれたような感覚に襲われた」などの感想が報告された。

表2　2009年のプログラム内容

10月7日	オリエンテーション 南京記念館見学とアートワーク	
10月8日	ウォームアップ・エクササイズ サイコドラマ	など
10月9日	生存者証言 人間彫刻	など
10月10日	〈公開〉燕子磯での追悼式 粘土の彫刻美術館と振り返り	など

▲ウォームアップ・エクササイズ

サイコドラマでは、日中混合のグループに分かれ、戦争にまつわる個人的な物語を共有した後、1人の中国人女性のケースを全体でドラマとして分かち合った。彼女は、田舎の母親からの電話で、村のおばあさんが亡くなったことを聞かされたという。おばあさんは日本兵たちによる

▲サイコドラマ

集団レイプを受けたと噂され、村人たちから避けられてきた。彼女は、子どもの頃からおばあさんと仲良くなりたかったが、おばあさんは心を閉ざしており、2人の間には、「まるで壁があるよう」だった。これをサイコドラマとして再現し、ファシリテーターであるボルカスの助けを借りながら対話を重ね、やがて壁は取り去られ、2人は抱き合って泣いた。参加者一同、このドラマに心を動かされたが、同時に、祖先たちの蛮行が今なお中国の若い女性に与えている傷の深さを改めて心に刻まざるを得なかった。

　最終日の朝、虐殺が行われた揚子江のほとりにある燕子磯という記念碑の前で追悼式を行った。日本人と中国人がペアになってお花を捧げた後、中国人グループ、日本人グループで追悼した。そこは美しい公園となっており、気候の良い祝日、散歩に来ていた地域のお年寄りや子どもたちが、この儀式を好奇の眼で見つめ、中国人の学生たちに説明を求めていた。コミュニティに開かれた形で、中国の若者と日本の若者が手をつないで一緒に追悼式を行うことができたことは希望を感じさせるものであった。

（4）国際セミナー「南京を思い起こす2011」の紹介

　2011年に南京師範大学で行われたワークショップのプログラムは表3のようなものであり、40名の参加者で実施された。HWHの6つのステップは、短期間に成し遂げられるものではなく、プログラムが繰り返されることで進行していく。参加メンバーは入れ替わっているが、中核には共通メンバーがおり、2007年、2009年、2011年と継続した関係のなかで信頼関係は深まり、2011年の

表3　2011年のプログラム内容

10月5日	オリエンテーション ウォームアップ・エクササイズ　　　　　など
10月6日	生存者証言 椅子のワーク　　　　　　　　　　　　　　　　　　など
10月7日	プレイバック メッセージの地図、サイコドラマ 〈公開〉プレイバックシアター　　　　　　　　　　　など
10月8日	〈公開〉燕子磯での追悼式 椅子のワーク、謝罪のワーク 振り返り　　　　　　　　　　　　　　　　　　　　など

　ワークショップは2009年より一歩、前進した感じがあった。2011年には、日中のプレイバッカーたちの協働によるプレイバックシアターを公開し、より踏み込んだ「椅子のワーク」や「謝罪のワーク」が加えられた。

　「椅子のワーク」とは、「日本の椅子」、「中国の椅子」を向かい合わせて置き、国籍に関わらず、誰でもそこに座って、集合的な声を代弁してよいというものである。最初は1人ずつ椅子に座って、日中間の対立する声が表現されることから始まり、教科書問題などがあげられた。後半では、日本側が謝罪し続けるのに対して、中国側は日本政府からの謝罪を求め続け、日本側からは「いつまで謝罪や罪悪感といった気持ちを持ち続けなければならないのか」という疑問と、それに伴う怒りや無力感が浮上してきた。このワークは役を払い、個人に戻ってのシェアリングを経て閉じられたが、参加者たちから様々な感情を引き出した。3日目は、それらの感情から、小さなプレイバックシアターを行った。

　4日目の「椅子のワーク」では、「日本の椅子」「中国の椅子」のそれぞれに対し、椅子は「傷つき、怒り、反抗的な仮面」を、椅子の後に「仮面の下に隠されている傷ついた子どもの気持」を表すと想定された。日中どちらの側も、傷つきや無力さを背後に隠し、怒りと攻撃を前面に出している。たとえば、日本側の仮面は、「ぐずぐず言うな、中国よ。お前たちは最近の歴史の中でたくさんの人を殺して来た。姑息で偽善的だ。そのような立場から私たちを判断するな！」と叫び、仮面の影からは、「自分の弱さ

▲椅子のワーク

第5章　暴力と戦争のトラウマに向き合う心理学

を中国に見せたくない。恥ずかしすぎる。鎧を着て自分を守りたい。事実を受け入れたくない。怖い」という声が聞こえてきた。

　仮面をはずした中国側から「これまで私たちは見下され、屈辱を受けて来た。日本だけでなく、他の国からも。これは重荷だ」「跪いたりして尊厳のない謝罪は欲しくない。私たちが欲しいのは、ただ歴史を知ってもらうことです」などの声が上げられ、日本側から「あなたたちは右翼の話をし続けます。たくさんの教師や研究者が真実を明かすために戦って来た。それなのに、中国人から憎しみの声が聞こえてくると、もうやめたくなる。士気をくじかれます。私たちにもあなたのサポートと応援が必要なのです」との声が出ると、「私たちの歴史はとても重いです。このプロセスであなたたちの重荷をおろすことができたことを願っています。日本人のみなさん、南京に来てくれてありがとう。あなたの行動は私たちにとって深い意味があります。諦めないでください」、「一緒により良い世界を作って行きましょう！」との声が返ってきた。

　ボルカスは参加者たちに「今何を必要としていますか？」と問いかけ、しばらくの沈黙を経て、どちらからともなく「同じ場所に向かって一緒に歩いていきたい」という声とともに、日中の参加者たちは歩み寄り、思い思いに握手や抱擁を交わした。

　参加者たちは、共に生存者の話に耳を傾け、このようなワークを繰り返しながら、HWHのステップである①タブーや沈黙を破る、②お互いを集団としてではなく、1人ひとりが独自の物語と顔を持つ人間として見る、③自分の中の加害者になる可能性に気づく、④深い悲哀の体験を共有しあい、公開でのプレイバックシアターや燕子磯での追悼式によって自分たちの体験をコミュニティに開き、⑤パフォーマンス、儀式、追悼などの統合・表現と共同作業を行った。

　公開されたプレイバックシアターでは、フロアから出された4つの物語が演じられた。結果的に、どれも

▲プレイバックシアター

81

三世である若者世代の物語であった。ワークショップ全体の流れから言えば、それまですでに、一世の物語や二世の物語が扱われ、3日間のプロセスを経て、今回のワークショップの主役である三世たちが主人公となる物語が表出されたと考えられる。そこにあらわれたのは、過去の被害国／加害国という関係を超えて、愛し合う恋人たち、留学や経済交流などの形で、すでに両国には切っても切れない関係があり、その狭間で戸惑い、落ち込み、迷いながらも、手をのばし、つないでいこうと決意する若者たちの姿だった。

4　今後に向けて

　2012年4月、立命館大学国際平和ミュージアムにおいて、国際シンポジウム「人間科学と平和教育」を開催し、これらの試みを振り返り、今後の展開の可能性について議論した。HWHは、ホロコーストの被害者側に立つボルカス自身の模索から生まれ、被害者側と加害者側が一緒にワークすることでトラウマの修復を目指すというものである。被害者・加害者という二項対立を超えることを目指すものであるから、理論的には立場にこだわる必然性はないが、加害者側に立つ日本人側が「二項対立を超えよう」と呼びかけることはできない。和解は目的ではなく、プロセスを経た結果である。その一方、日本人側も被害者としてのトラウマを抱えている。加害者に関する臨床心理学的観点から言えば、被害者としてのトラウマを扱うことなしに加害者としての責任に向き合うことは不可能である。葛藤する2つのグループが向き合う前に、ある程度の準備が必要かもしれない。

　また、HWHが前提とするトラウマ、国民、世代間連鎖といった仮説への疑問も提起された[6]。筆者自身、社会の心理主義化やトラウマブームの弊害を強く感じ、何とかトラウマモデルを超えることはできないものかと考え続けてきたが、トラウマモデルを使うことで見えてくるもの、扱えることがあることを否定することができない。ある意味で、トラウマ、国民、世代間連鎖という概念をいったん構築することで、取扱可能となる。そして、いったん構築されたものは、いずれ脱構築されることになる。そもそも、目に見えない抽象的なもの

を扱うことは不可能に近い。これを、身体、ドラマ、アートといった形あるものとして取り扱うことで、変容が可能になる。ある意味で、これは「セラピーというドラマを使ったパフォーマンス」と言えるかもしれない。

　本来、セラピーは、高い動機のある個人が、基本的には有料で申し込みを行って始まるものであるが、私たちの試みは、大学を舞台に展開してきたためもあって教育的な側面が強調されてきた。参加は無料であり、強制はしないが、推奨という形での方向づけがあった。その場合の大きな問題は、通常、加害者側の動機はきわめて低くなることである。これを広めていくためには、特殊な問題意識を持つ人々のためのセラピーとしてではなく、もっと基本的な教育として構成していく方が望ましいし、現実的であろう。HWHを教育として位置づけようとするなら、これをファシリテートするのは、セラピストでなく、教師、学芸員、平和ボランティアということになるだろう。ドイツを見ても、平和構築に貢献してきたのは、心理学ではなく教育、とくに歴史教育の分野である。この領域における研究法の開発と指導者の育成が鍵になってくる。

　2012年5月には、日中のファシリテーター養成を目指したワークショップを実施し、2013年9月には、立命館大学国際平和ミュージアムにおいて平和教育者やボランティアがHWHの手法を使っていけるようなプログラムの開発とファシリテーター養成を試み、また南京において4日間の国際セミナー「南京を思い起こす2013」を実施し、本プロジェクトの発展可能性について協議した。心理主義に陥ることなく、心理学の知見を活かして平和構築に貢献する方法を模索していきたい。最後に、この取り組みは、共同研究者であるアルマンド・ボルカス、笠井綾、村川治彦、張連紅ほか、ここに名前を挙げ切れない多くの人々との協働で成り立っていることを付け加えておきたい。

註

1） Herman, J. L., Goodman, L. A. and Epstein, D. (2007) *Listening to Battered Women: A Survivor-Centered Approach to Advocacy, Mental Health, and Justice*, American Psychological Association.

2） Boom, S. L. (1999) *Creating sanctuary: Toward an evolution of sane societies*, New York: Routledge.

3）　村川治彦（2009）「ドラマセラピーの手法を使った体験的アプローチによる平和教育の試み」日本心理臨床学会『心理臨床の広場』1 巻 1 号．
4）　ボルカス，A.（2010）「Healing the wounds of history: 南京の悲劇の歴史に共に立ち向かう日中文化」村本邦子編『戦争によるトラウマの世代間連鎖と和解修復の可能性：国際セミナー「南京を想い起こす2009」の記録』立命館大学人間科学研究所、ボルカス，A.（2012a）『南京を思い起こす2011』ファシリテータとしてのリフレクション」村本邦子編『歴史のトラウマの世代間連鎖と和解修復の試み：国際セミナー「南京を想い起こす2011」の記録』立命館大学人間科学研究所、ボルカス，A.（2012b）『HWH 歴史の傷を癒す』プログラムの基礎と応用」村本邦子編『人間科学と平和教育——体験的心理学を基盤とした歴史・平和教育プログラム開発の視点から』立命館大学人間科学研究所．
5）　「戦争によるトラウマの世代間連鎖と和解修復の可能性：国際セミナー『南京を想い起こす2009』の記録」（http://www.ritsumeihuman.com/hsrc/resource/19/open_research19.html）、「歴史のトラウマの世代間連鎖と和解修復の試み：国際セミナー『南京を想い起こす2011』の記録」（http://www.ritsumeihuman.com/cpsic/model3.html）．
6）　小田博志（2012）「物語のタペストリー『HWH 歴史の傷を癒す』プログラムの基礎と応用」村本邦子編『人間科学と平和教育——体験的心理学を基盤とした歴史・平和教育プログラム開発の視点から』立命館大学人間科学研究所（http://www.ritsumeihuman.com/uploads/publications/78/p142-p147.pdf）．

6 建築からみた戦争と平和

布野　修司

1　はじめに——建築と戦争

　建築するということは戦争と平和にどう関わるのであろうか、端的に、戦争のための建築、平和のための建築というものがあるのだろうか、正直考えたことはなかった。しかし、改めて考えてみると、建築はそのそもそもの起源において戦争と関わりあってきたような気がしないでもない。

　建築とは何か、あるいは戦争とは何か、ということになるが、ごく素朴に、建築をシェルター、すなわち、身体を覆い、人間の生存のために一定の環境を維持し続けるものだと考えると、身体を脅かすものに対する防御がその本質ということになる。人間の生存のための環境が維持されている状態が平和であり、それが脅かされる状態が戦争である。

　人類の建築の歴史が、生命を脅かすものに対する戦いであったことは間違いない。古来、自ら住む区域を自然や猛獣や害虫や外敵の脅威を避ける場所を選んで設定し、さらに濠や壁で囲んで暮らしてきたのである。生きることと建てることは原初において同じであった。

　防御を主とする時代は、しかし、攻城法の革新によって大きく変わる。最大の変化は、新しい火器、大砲の出現である。15世紀までは、攻撃よりもむしろ防御の方が、ヨーロッパにおける城塞、都市、港湾、住居の形態を決定づけていた。ここで築城術の歴史を振り返る余裕はないけれど、西洋の城郭は古代ローマ帝国の築城術等を基礎として発達してきた。12世紀から13世紀にかけて、十字軍経由で東方イスラーム世界の築城術が導入され、またビザンツ帝国

の築城方式の影響も受けて、西洋の築城術は15世紀には成熟の域に達する。しかし、ヨーロッパにもたらされた火薬と火器、火器装備船の出現による戦争技術の変化は、要塞や城塞の形態を変える。すなわち、馬に乗った騎士による戦争の時代ではなくなり、それ以前の城が役に立たなくなるのである。

　ヨーロッパで火薬兵器がつくられるのは1320年代のことである。知られるように火薬の発明は中国のものである。そして、イスラーム世界を通じてヨーロッパにもたらされたと考えられている。火薬の知識を最初に書物にしたのはロジャー・ベーコンで、戦争で最初に大砲が使われたのは1331年のイタリア北東部のチヴィダーレ攻城戦で、エドワードⅢ世のクレシー（カレー）出兵（1346年）、ポルトガルのジョアンⅠ世によるアルジュバロタの戦い（1385年）などで火器が用いられたことが知られる。ヨーロッパで火器が重要な役割を果たした最初の戦争は、ボヘミヤ全体を巻き込んだ内乱、戦車、装甲車が考案され機動戦が展開されたフス戦争（1419-34年）である。続いて、百年戦争（1328/37-1453年）の最終段階で、大砲と砲兵隊が鍵を握った。そして、レコンキスタを完了させたグラナダ王国攻略戦（1492年）において大砲が威力を発揮した。スペインは、以降、「新世界」のコンキスタ（征服）に向かうことになる。こうして火器による戦争、攻城戦の新局面と西欧列強の海外進出も並行するのである。植民地建設の直接的な道具となったのは火器であった。

　以上のような、築城術と都市の歴史をめぐっては、布野修司編『近代世界システムと植民都市』他に譲ろう。都市史という観点からは、火器の出現による攻城法の変化、それと平行する西欧列強による海外進出と植民都市建設、そして産業化段階、すなわち蒸気船、蒸気機関車による交通手段とその体系の転換が決定的である。自動車、そして飛行機の出現がさらに大転換の画期となる。

　近代技術による近代兵器の出現によって、建築と戦争のあり方は大きく変わる。はっきり言って、建築は防御のために役に立たないのである。かつて、建築家になりたかったというA.ヒトラーは、「永遠の建築」を願ってお抱え建築家に指名したA.シュペアーに「永遠の建築」の建設を命じたが、シュペアーの提出した解答は「予め廃墟と化した建築をつくればいい」（廃墟価値の理論）というものであった。絶対安全な核シェルターなどというものはありえないの

である。

　それにしても、人類は何のために建築するのであろうか。冒頭にたどたどしく問うたように、生命を守り、それを維持していくために必要不可欠なものだとすれば、それが最も厳しく問われるのは戦争状態においてである。本稿では、戦争状態において、建築家は何を考え、どう行動してきたのか、具体的に、第二次世界大戦における日本の建築家に即して、戦後建築を代表とする建築家となる丹下健三と白井晟一に焦点を当てて考えてみたい。

2　日本の近代建築と帝冠併合様式

　建築は日常の生活に極めて具体的に関わっており、極めて身近で視覚的にもわかりやすい。だから、日本近代における建築の歴史は、全国津々浦々の景観の変化として容易に理解できる。明治以降の日本列島の景観の変化は激しい。
　すなわち、明治以降、日本の建築家たちが目指してきたことの結果は、今日われわれが日常的に目にしている、鉄とガラスとコンクリートなどの工業材料によってつくられる四角いジャングルジムの骨組みの超高層建築が林立する光景である。この解答についての疑問、あるいは批判が提出されて久しいが、この解答の結果を評価するためには、繰り返し、その出発点に立ち返ってみる必要がある。明治以降、西欧の建築技術を取り入れ、西欧風の建築を実現することを目標にしてきた日本の建築家たちが、鉄筋コンクリート構造や鉄骨構造による新たな建築、すなわち、近代建築の実現を目標にし始めるのは大正末から昭和の初めにかけてのことである。すなわち、日本の近代建築の出発点はそのまま15年戦争期に重なっているのである。
　大正末から昭和の初めにかけて、日本は大きく変わる。ラジオ放送が開始され、モボモガ（モダン・ボーイ、モダン・ガール）と呼ばれる若者たちが都会のカフェに集うなど、「大衆社会」が訪れる。そうしたなかで、新興文学、新興音楽、新興演劇、新興建築など、新興○○と呼ばれ、建築のみならずあらゆる芸術ジャンルにおいて芸術革新の近代運動が展開される。そして、その近代運動は、ロシア革命の世界史的インパクトの流れのなかで社会主義運動と結びつ

いていくことになる。

　ここでは詳しく振り返る余裕はないけれど、日本分離派建築会の結成（1920年）から新興建築家連盟の結成・即解体（1930年）、そして日本建築文化連盟の設立（1936年）、さらに建築新体制（1941年）へ向かう戦前の建築運動の流れは、社会変革を目指した建築家たちの運動が戦時体制に飲み込まれていく過程として理解される[6]。この過程において、ヨーロッパに渡り社会主義運動に身を投じていくのが白井晟一であり、大東亜記念造営物コンペ（1942年）で建築家デビューするのが丹下健三である。

　昭和戦前期、とりわけ、満州事変（1931年）以降の15年戦争期における建築家の活動については、近代建築の実現を目指して敢然と戦いを挑んで、究極的には挫折したという物語として書かれる。近代建築とは、端的に言えば、「合理的で機能的な、世界中どこでも同じように平等に建てられる建築」である。否定すべきは、装飾過多の、あるいは様式を折衷する「前近代的で封建的な様式建築」である。

　「様式建築」に対して敢然と闘いを挑んだ建築家の象徴が前川國男の軌跡であり、彼は、東洋趣味、日本趣味を規定とする設計競技に、近代建築のシンボルであるフラット・ルーフ（陸屋根、平らな屋根）の国際様式（インターナショナル・スタイル）で応募し続けながら、最後には自宅（前川國男自邸（1942年））の設計において勾配（傾斜）屋根の民家風のデザインを採用するに至った、というのが物語である。

　勾配屋根かフラット・ルーフかという問題は、一般にはどうでもいい些細な問題のように思われるかもしれない。しかし、屋根のシンボリズムは極めて強力であり、一般に民族や国家、地域や歴史のアイデンティティを象徴するものとして考えられる。実際、屋根のかたちを自らのアイデンティティやステイタスと結びつける見方は世界各地にみることができる。そして、景観法や条例で屋根形態を規制しようとする今日のわれわれにとってもこの問題は無縁ではない。

　戦時下の日本において、東洋趣味、日本趣味か国際様式かというかたちで争われた建築デザインの問題の背後で問われていたのは、ナショナリズムかイン

ターナショナリズムか、ファシズム（全体主義）かモダニズム（近代的個我）か、という問題であり、極めて具体的には戦争に協力するかどうか、ということである。15年戦争期に建築家たちが何を考えてきたかについては、磯崎新の『建築の1930年代』（鹿島出版会、1978年）があるが、和風かモダン・スタイルか、解答を放棄し、茶室の研究に没頭した堀口捨己のような建築家もいる。

　この戦時体制下において、日本建築のあるべきスタイルとして下田菊太郎（1886-1931年）[7]によって主張され、受け入れられていったのが「帝冠（併合）様式」である。すなわち、躯体部分は鉄筋コンクリートの近代建築とし、屋根は日本古来の神社仏閣の形態とするというのが「帝冠（併合）様式」である。下田菊太郎は、日本の建築家としていち早くシカゴに渡って、超高層建築を手掛けるR.バンハムのもとで学んだ建築家であり、「帝冠様式」は、もともとは洋風か和風か、和洋折衷か、あるいはそのどれでもない独自のもの（進化主義）かをめぐって争われた帝国議事堂（現・国会議事堂）の設計競技（1911年）において提起されたものである。東京帝室博物館（現・国立東京博物館、1937年）、軍人会館（九段会館、1934年）、名古屋市庁舎（1933年）、神奈川県庁舎（1928年）など、戦時下に建てられた「帝冠様式」建築は今日にも残っている。そして、この「帝冠様式」建築は、日本の支配を象徴する「大東亜建築様式」として、台湾、満州など日本植民地にも建てられていった。関東軍司令部（現・共産党吉林省委員会）（1934年）、満州国国務院、軍事部、司法部（現・吉林大学校舎）（1939年）、台湾高雄市役所（現・高雄市立歴史博物館）（1939年）などがそうである。

　「帝冠様式」という、キッチュといってもいいこの折衷様式に対して、フラット・ルーフの国際（近代建築）様式によって近代建築家たちは戦いを挑んだ、というのがわかりやすい構図である。興味深いことに、同じファシズム体制をとった国々で近代建築に対する対応は異なる。イタリアの場合、採用したのは近代建築の国際様式であった。また、ナチス・ドイツが選択したのは古典主義建築であった。

　こうして単に建築のスタイルの問題のみ取り出すと、薄っぺらな二項対立の論争の構図となるのであるが、戦時体制下において建築家に問われ続けたのは、建築をつくる国体（国家体制）の問題、建築技術と建築生産組織の問題、

建築規制と表現の問題、そして日本建築のよってたつ基盤、その伝統をどう考えるかという問題である。確認すべきは、第二次世界大戦中の戦時下の建築に関わる諸問題が、今日建築するということにも内在しているということである。最後に確認しよう。

3　丹下健三と広島平和記念館

　1945年を挟んで前後10年、1940年代は日本の近代建築の歴史における空白の10年とされる。戦争による破壊が行われ、戦後復興といっても、GHQ関係の建物や住宅建設は若干行われたのであるが、ほとんど建設がなされなかった。戦後建築の本格的出発は、1950年代に入って、朝鮮戦争が勃発し、朝鮮特需によってビルブームが起こって以降である。その方向性をリードしたのが、前川國男であり、その弟子である丹下健三であった。

　戦時体制下の議論の帰趨について言えば、結果的に勝利するのは、近代建築の側であったということになる。「帝冠様式」建築は全く建てられなくなるのである。「帝冠様式」とは一体なんだったのか、ということになる。その点で、極めてドラスティックに思われたのが丹下健三のデビューである。大東亜共栄圏の理想を掲げる大日本帝国を賛美した「大東亜建設記念造営計画」案から、民主主義をうたい、平和を祈念する「広島記念公園・記念堂」原案（1945年）まで、5年の間もないのである。

　丹下健三は、1945年に33歳である。戦前期に前川國男事務所にあって国際様式の「岸体育館」などを手がけているが、その活動の中心は戦後である。しかし、丹下の才能は既に戦前期に認められていた。「大東亜建設記念造営計画」（1941年）、「在盤谷日本文化会館」（1943年）の設計競技に相次いで一等当選、既に鮮烈に本格的デビューを飾っていたのである。

　丹下の「大東亜建設記念造営計画」案は、「日本」を象徴とする富士山の麓に、代々の天皇家を祭る伊勢神宮の神明造りを思わせる屋根を載せた建築物をつくり一大聖域（「忠霊神域」）を構成するものであった。「丹下のみならず前川國男ですら「在盤谷日本文化会館」の設計競技（1943年）において寝殿造り風

の案を提出している。『日本的なるもの』=『ナショナルなもの』を象徴する勾配屋根を受け入れることにおいて、日本の近代建築は挫折した」、「ファシズムに屈服した」というのが、上にも述べた戦後の評価である。戦後建築にはあたかもそうした屈折を経験しなかったかのように出発を遂げた。ヒトラーのお抱え建築家であったシュペアーが戦争責任を追求され、永久に建築家としての活動を停止されたのに比すれば、日本の場合、戦争と建築家の責任の問題はいかにも曖昧であった。

建築における戦前戦後の連続・非連続、建築家の転向・非転向の問題が問われるまもなく1950年代に入ると、日本建築の伝統をどう考えるかという伝統論争が行われる。これは明らかに1930年代の「帝冠様式」をめぐる議論の延長であったといっていい。ただ、1950年代の場合、課題設定は異なり、「国家」のためにではなく「民衆」のために、日本の伝統をどう近代建築に持ち込むかという方向が予め共有されていた。大きな流れは、近代建築と日本建築の伝統を対立的にみるのではなく、むしろ、日本建築の伝統に近代性、合理性を見るという立場がリードしていくことになる。具体的には鉄筋コンクリートで日本建築伝統の木割を表現するといった試みが行われるのである。あるいは、鉄骨構造の住宅に畳の部屋を設けるといった試みがなされるのである。その先頭を走ったのが丹下健三であった。そして、丹下健三とともにその伝統論争において一方の旗頭となったのが白井晟一である。

1960年代における華々しい活躍によって世界的な建築家となった丹下健三のその後の軌跡については他に譲りたい。[8]丹下健三には、「戦没学徒記念館」(淡路島、1967年)といった作品があるが、その作品を自ら発表することはなかった。

興味深いのは、高度成長の1960年代を象徴するExpo'70 大阪万国博の会場「未来都市」の総合プロデュースを手掛けた後、1970年代に入ると、その活動の主舞台は発展途上国となり、日本での仕事の機会がほとんどなくなることである。

主流となったのは、丹下に代表される近代建築を批判する「ポストモダン」の建築である。ここでもわかりやすいのは、単純な四角い箱は面白くない、様

式や装飾を復活させよう、というポストモダン・ヒストリシズムと後に呼ばれる歴史主義的な傾向である。ここで再び日本の建築家たちは戦前期の議論を想い起すことになる。日本の近代建築は一体何であったのか。

1980年代初頭になると、ポスト・モダニズム建築批判が盛んに提出されるようになる。その口火をきったのが永らく沈黙を続けてきた丹下健三である。近代建築批判、ポストモダン建築の主張、ポストモダン建築批判というサイクルは、しかし、決して閉じたわけではない。丹下健三は、1980年代の終わりに至って、東京都の新都庁舎を設計することになる。この巨匠の建築をめぐって、ひとつの議論が起こった。その全体がゴシック建築を思わせたからである。歴史様式を否定し、モダニズムの美学を貫いてきたかに見える丹下健三が、戦前から戦後にかけて見せたのと同じように、またしても屈折を見せたという指摘である。果たして、東京都庁舎は、日本の近代建築の記念碑なのか、巨大な墓標のなのか、あるいは「バブルの塔」なのか。いずれにせよ、日本の戦後建築の歴史を最も鮮烈に示すのが丹下健三の軌跡なのである。

4　白井晟一と原爆堂計画

白井晟一が「親和銀行本店」で日本の建築界最高の賞である日本建築学会賞（作品賞）を受賞するのは1968年のことである。63歳であった。「善照寺本堂」（1958年）で高村光太郎賞を受賞（1961年）しているとは言え、建築界の評価としてはあまりに遅い。しかも、受賞にあたっての評言は「今日における建築の歴史的命題を背景として白井晟一君をとりあげる時、大いに問題のある作家である。社会的条件の下にこれを論ずる時も、敢て疑問なしとしない。」という留保付きであった。

白井晟一については、2010年に開催された白井晟一展の図録として出版された『白井晟一　精神と空間』（青幻舎、2010年）に「虚白庵の暗闇——白井晟一と近代建築」と題して書いた。詳細については拙稿を読んでいただきたいが、白井晟一の戦前期のヨーロッパでの活動は未だにヴェールに覆われていると言わざるを得ない。カール・ヤスパース、アンドレ・マルローなどとの関係が断

第6章　建築からみた戦争と平和

片的にのみ語られることで、様々な伝説が増幅されてきた。白井晟一を「見出し」、建築ジャーナリズム界へのデビューを後押ししたとされる川添登が、その履歴をかなり明らかにしているが、それでも謎は残る。白井晟一は、ヨーロッパで一体何をしていたのか、何故、帰国後、建築家として生きることになったのか、その真相は必ずしも明らかではないのである。

　白井晟一の建築家としての出発点は、京都高等工芸高校（1924年入学1928年卒業、現京都工芸繊維大学）に遡る。ただ、入学の段階で建築家として生きる決断はなされてはいない。建築科の講義には身が入らず、京大の教室にもぐりこんで哲学の講義を聞く。そして、哲学を学びにヤスパースのもとへ赴くことになる。白井晟一がヨーロッパに向かった同じ1928年に、前川國男もまたパリへ赴く。前川國男と白井晟一はお互いの晩年親しく交流するが、その出発にも因縁があった。前川國男は1930年に帰国して、建築家として華々しいデビューを飾ることになる。

　白井晟一は1933年に帰国して、東京・山谷に2ヵ月暮らす。34年、千葉県清澄山山中「大投山房」で共同生活した。また、「山谷の労働者仲間に加わったり、同じく帰国した市川清敏や後藤龍之介らの政治活動に参加したりするが、まもなく自ら袂を分った」という。レジスタンスをしていたのかと問われて、白井本人は「レジスタンスなどとはいえませんね。あまのじゃくぐらいのことです。思想として戦争に賛成できなかったということでしょう。家の焼けるまで書斎の窓を閉めきって今より充実していたかもしれません」と答えている。

　白井晟一が、戦後はじめて建築ジャーナリズムにその一歩を記したのは「秋の宮村役場」によってである（『新建築』1952年12月）。「秋の宮村役場」によって、白井晟一に光が注がれる糸口が与えられた。その登場が衝撃的であり得たのは、その作品あるいは造型の特質にかかわる評価以前に、その具体的実践そのものであった。「秋の宮村役場」（1950-51年）「雄勝町役場」（1956-57年）「松井田町役場」（1955-56年）の3つの公共建築、秋田や群馬など地方での仕事、「試作小住宅（渡辺博士邸）」（『新建築』1953年8月号）に代表されるいくつかの小住宅など1950年代前半の作品は、その後の作品の系譜に照らしても、また、当時の他の建築家の活動の状況からみても、驚くべき量と密度を示していたので

ある。

　この同じ過程で、丹下健三が「広島平和記念館」によって颯爽とデビューしたことは上述の通りである。

　建築家は何を根拠に表現するのか。伝統論争についても上で触れたが、1950年代において主題とされたのは、日本建築の伝統の中に「近代建築」をどう定着するか、ということであった。そして、近代建築の理念の中に、日本的な構成や構築方法、空間概念を発見すること、「伊勢神宮」や「桂離宮」に典型化される限りにおける日本の建築的伝統に近代的なるものをみるという丹下健三の伝統論がその軸となり、結論ともなった。しかし、白井の伝統論は全く異なる。ただ単に、日本建築の伝統は「弥生的なるもの」ではなく「縄文的なるもの」である、「伊勢」や「桂」ではなく「民家」である、というのではない。白井にとっての「伝統」「民衆」「創造」は、何よりも、自らの具体的な体験をもとに、また歴史の根源に遡って思索されるものなのである。

　白井晟一は、1955年に「原爆堂」計画を発表する。[9] 白井晟一は、伝統論争においてもそう多くの文章を残しているわけではないし、発言も多くない。まして、建築のおかれている社会的状況に対して直接的に発言をするのは極めて珍しい。「原爆堂」とそれに絡むメッセージは極めて唐突でジャーナリスティックであった。前年、ビキニ環礁で水爆実験が行われたことが背景にある。敗戦後丁度10年というタイミングでもある。なんの具体的な条件も前提せずに設計図を提示するスタイルは、後にも先にも「原爆堂」しかない。「原爆堂」はしかし実現しなかった。福島第一原子力発電所のメルトダウンという人類史的事件は白井晟一の「原爆堂」計画を想い起こさせ、その建設計画が持上りつつあるという。

　「原爆堂」は、丹下健三の「広島平和記念資料館（現・本館）」（1952年）「広島平和会館（現・資料館東館）」（1955年）、村野藤吾の「世界平和記念聖堂」（1953年）に対比されるべきものとして受け止められた。そして、白井晟一が、「豆腐」（『リビングデザイン』1956年10月）や「めし」（『リビングデザイン』1956年11月）、「待庵の二畳」（『新建築』1957年8月）、「縄文的なるもの」（『新建築』1956年7月）といったエッセイによって、いわゆる「伝統論争」において、一定のポ

ジションを得ることになったのは、「原爆堂」プロジェクト以降である。

「原爆堂」プロジェクトをまとめた1955年、白井晟一は50歳であった。白井が「書」を始めるのも50歳を迎えた同じ頃である。そして、書に没頭することになる。そして、再び白井晟一に光が当たるのが、日本建築学会賞（作品賞）の受賞であった。

ここでは詳細に触れる余裕はないが、作風は丹下健三と白井晟一は異なる。それ故、2人は対比的な評価を受け続けるのである。

白井晟一が亡くなったのは、1983年11月21日である。前川國男は、「日本の闇を見据える同行者はもういない」という弔辞を読んだという。その前川國男が逝ったのは1986年6月26日である。同じ年に「新東京都庁舎」の設計者に丹下健三が決まったのであった。

5 おわりに

戦争と建築、あるいは平和というテーマを頂いて、また、白井晟一と原爆堂に触れるようにという示唆を頂いて、以上の文章を書きとめたのであるが、いささか、しっくりこない。戦争のために必要な施設、例えば、バラック（兵舎）や防空壕を建築家は建てる。「戦争反対」といって1人の建築家がそうした施設の建設を拒否するとしても、誰かが建てるとすれば同じことではないか。実際、第二次世界大戦下において建築家は、否、建築家に限らず日本人の全てが、多かれ少なかれ戦争に参与したことにはかわりはないのである。例えば、原子力発電所施設の建設についても同じような問題がある。

本章で問題としたのは、結局、建築家が何（「大東亜共栄」「平和」「原爆」）をどう表現するか、という表現の問題にすぎない。建築規制と表現の問題、そして日本建築のよってたつ基盤、その伝統をどう考えるかという問題である。表現の問題にすぎないといったが、建築家にとっては本質的な問いである。十分掘り下げられていないが、言いたかったのは、建築表現と建築をつくる国家体制の問題、建築技術と建築生産組織の問題とは密接不可分であるということである。すなわち、戦時体制下であれ、「平和」時であれ、建築家には常に同様

の問いが課せられているということである。

　例えば景観条例や景観法によって、建築の屋根の形態が規制されている。多くの場合、日本建築の伝統に従って勾配屋根にしろという。高層建築でも勾配屋根がついていればいい、というのは「帝冠様式」そのものである。近代以前の街並みや集落景観が一定の秩序のもとに美しかったのは、地域で利用できる材料を用い、地域の風土を熟知した職人たちによってつくられてきたからである。それを抜きにしてスタイルやかたちのみを問題にするのは建築の本質ではない。そして、今日、建築をめぐって様々な「紛争」が起こる。マンション建設をめぐってしばしば日照や眺望をめぐって裁判沙汰が起こるし、各種建設反対運動は日常的といってもいい。そういう意味では、建設に「紛争」はつきものである。建築家は常に建てることの意味を問われているのである。

　そもそも、建てることは、自然を傷つけることである。すなわち、建てるという行為において、常に、自然と人間の関係が問われてきた。人間の生存のための環境が維持されている状態が平和であり、それが脅かされる状態が戦争である、という冒頭の素朴な定義に戻ると、現代は、建築のあり方が環境破壊を加速させる戦争状態にあると言わざるを得ないのではないか。

註
1）　ホール，バート・S.（1999）『火器の誕生とヨーロッパの戦争』市場泰男訳、平凡社。火器がいつ出現したかについては議論があるが、1320年代にはありふれたものになっており、gun、cannon といった言葉は1330年代末から使われるようになったとされる。
2）　文献上の記録として、火薬の処方が書かれるのは宋の時代11世紀であるが、科学史家 J. ニーダムらは漢代以前から用いられていたと考えている。
3）　ベーコン，ロジャー（1267）『芸術と自然の秘密の業についての手紙』。
4）　布野修司編（2005）『近代世界システムと植民都市』京都大学学術出版会。他に、布野修司（2006）『曼荼羅都市──ヒンドゥー都市の空間理念とその変容』京都大学学術出版会など。
5）　布野修司（1998）「廃墟とバラック──建築の死と再生」同『廃墟とバラック──建築のアジア』（布野修司建築論集Ⅰ）彰国社。
6）　布野修司（1995）『戦後建築の終焉──世紀末建築論ノート』れんが書房新社。
7）　林青梧（1981）『文明開化の光と闇　建築家下田菊太郎伝』相模書房など。

8） その全軌跡については藤森照信（2002）『丹下健三』新建築社がある。丹下健三をめぐっては「丹下健三と戦後建築」など布野修司（1998）『国家・様式・テクノロジー──建築の昭和』（布野修司建築論集Ⅲ）彰国社にいくつか論考がある。
9）「原爆堂について」『新建築』1955年4月号、「平和を祈る原爆堂」『朝日新聞』1956年。

7 「沖縄問題」とは何か
琉球の脱植民地化、脱軍事化への道

松島　泰勝

　「沖縄問題」とは「日本問題」である。沖縄＝琉球が抱えている問題を生みだしているのは、日本やアメリカ側にある。琉球人による平和の実現に対する取り組みが弱く、平和への主張が小さいから「沖縄問題」が解決しないのではない。琉球は常に不正義を告発し、平和や人権を求める運動を展開してきた。琉球から提示されてきた米軍基地の「県外移設」要求、「沖縄差別」の声に対して日本人はどれだけ真摯に応答したのだろうか。本論では琉球人が「沖縄問題」を自らの手で解決するための道として独立論を求めるようになった理由を掘り下げる。琉球独立論がなぜ今の時期に提示されるのかについて日本人は自分の問題として考えてほしい。

　本論において、琉球とは地理的には沖縄諸島、宮古諸島、八重山諸島の島々を指す。また世界各地にすむ琉球人のネットワークも琉球の生活圏に含まれよう。約600年、独立国家であった記憶を「琉球」という言葉は喚起する。琉球が日本に併合された後や、「日本復帰」後に沖縄県という名称が日本政府から与えられたように、「沖縄」は日本への帰属性を示す言葉でもある。沖縄島という単一の島の名称を取っていることから、沖縄島中心の見方にもなりかねない。八重山諸島の人々が沖縄島に行く時、「沖縄に行く」と言う場合が多い。沖縄島は琉球弧の中で最も面積が広く、国の主要機関、県庁、大学等が置かれ、広大な米軍基地もあるが、琉球の中心ではなく、島々のひとつでしかない。「沖縄」が琉球を公的に指す名称として使用されたのは、日本統治時代である1879年から1945年、1972年から現在の約100年程度でしかなく、三山時代から始まる琉球国の歴史の一部である。琉球人は独自の歴史、文化をもち、日米の植民地支配を受けてきたネイション（民族）である。独自なネイションが

住む地域を明示的に示すために「琉球」という言葉を使う。

1 植民地支配下にある琉球

　1879年の琉球併合で琉球人の領土が日本政府によって強制的に奪われた。現在の「沖縄県」成立の根拠法である沖縄返還協定は日米の密約に基づいており、その交渉過程には琉球の当事者である琉球人、琉球政府が参加できなかった。つまり19世紀の琉球併合、20世紀の「復帰」において、琉球人が住民投票（合意）によって自らの政治的地位を決定できなかったのである。

　琉球は、形式上、「沖縄県」という日本の一自治体とされているが、その実態は琉球人の領土が奪われ、米軍基地から発生する様々な暴力が押し付けられ、国際法で保障された人民の自己決定権の行使が認められなかった日米の植民地である。

　「復帰」とは「元の状態に戻ること」を意味するが、琉球の元の状態は日本国ではなく、琉球国である。1972年の「復帰」はその時点で終わったのではない。内閣府沖縄担当部局や沖縄振興特別措置法等の琉球限定の組織や法律の存在、基地の強制、日本国主導の開発等をみても明らかなように、日本政府の琉球支配体制としての「復帰」体制は現在まで続いており、次のような特徴を持っている。①日本国による琉球統合の深化、②琉球人の生命や生活よりも、日本人のそれらを重んじ、基地を強制する差別体制、③政治的、軍事的、経済的利益が琉球から日本に流れる植民地体制である。

　琉球の植民地性を隠蔽するために「県」という偽装が行われてきた。今後、一括交付金を含む振興開発資金がどれほど与えられても、日本政府への経済従属、基地の強制、日本の企業や日本人による支配がさらに進むだけである。琉球国を併合し、基地を琉球に押し付けている日本国にとって植民地問題とは世界の他の国の問題ではなく、自国の問題である。

　「復帰」後の42年間で明確になったことは、米国に従属する日本の統治下に琉球がある限り、基地は無くならないということである。琉球人の奴隷の境遇を廃絶するための具体的な選択肢として独立という切り札がある。

日本政府は琉球を自国の固有の領土であると考えているから、辺野古基地建設案を推し進め、オスプレイを強行配備した。領土権を保有する日本政府が琉球の現在や将来に対する決定権を持っているという論理である。しかし日本政府は琉球に対する領土権を正当化できるのだろうか。琉球は琉球国という日本とは別の国家であったのであり、「日本固有の領土」ではない。

2　独立の主体としての琉球人

　鳩山政権以降、日本国民の大半が基地の引き受けを拒否していることが白日の下にさらされた。日本政府は自国民である琉球人の生命を守らず、地位協定を改正しようとさえしない。このような日本に対して琉球人は「沖縄差別」と批判するようになった。それは琉球人が自らを被差別者、抵抗の主体として自覚したことを意味する。

　琉球人が今までの従属的な地位を逆転させ、日本と平等な関係性を形成しようとするナショナリズムが台頭してきた。琉球のナショナリズムは植民地主義に抗うマイノリティ・ナショナリズムであり、支配者の力学で動く日本のマジョリティ・ナショナリズムとは全く異なる[1]。

　これまで次のように琉球人は国連を使って脱植民地化を進めてきた。1962年の琉球政府立法院による「2.1決議」は、国連憲章、植民地独立付与宣言に基づいて米軍統治を批判した。さらに琉球人は1996年以降現在まで毎年、国連の先住民作業部会、先住民族問題常設フォーラム、先住民族の権利に関する専門家機構、人種差別撤廃委員会、脱植民地化特別委員会等において脱植民地化、脱軍事基地化の運動を展開してきた。その結果、2008年、国連の市民的および政治的権利に対する規約委員会は琉球人を先住民族と認めた。2010年、第76会期国連人種差別撤廃委員会は琉球人を独自の民族として認識し、米軍基地の強要を人種差別とみなし、義務教育の中で琉球諸語による教育を求めるとともに、差別の監視や権利保護について琉球と協議するよう日本政府に勧告した。

　植民地で生きる全ての人間は、国際法で保障された人民の自己決定権を行使して、完全独立、自由連合国、対等な立場での統合等の政治的地位を住民投票

で決め、独自の政府や議会を設立することができる。国連脱植民地化特別委員会は、非自治地域リストに登録された植民地を脱植民地化させるための組織である。本来ならば戦後、日米両政府は琉球を同リストに登録させる義務があったが、それを行わないまま今に至っている。

1945年に51ヵ国によって設立された国連には現在、193ヵ国が加盟し、国の数は約4倍に増えた。世界の多くの植民地の人々は大国による支配と差別から解放され、平和・生命・生活、基本的人権等を獲得するために独立の道を選択した。琉球にもこの道は開かれている。

現在、世界には独立に向けた具体的な歩みを進めている地域が多く存在している。アメリカの植民地であるグァムでは、同政府内の脱植民地化委員会が今後3年以内に、独立を含む新たな政治的地位を決める住民投票を実施する。フランスの植民地であるニューカレドニアでは、1970年代から独立運動が盛んになり、1986年に国連の非自治地域リストに登録された。登録の際、太平洋諸島フォーラム（太平洋島嶼国とオーストラリア、ニュージーランドによって構成）、メラネシア・スペアヘッド・グループ（パプアニューギニア、バヌアツ、フィジー、ソロモン諸島により構成）、非同盟諸国首脳会議等が支援した。ニューカレドニアでは2014年以降に独立に関する住民投票が行われる。フランスの植民地である仏領ポリネシアの議会は2011年9月、同リストへの登録を求める決議案を採択した。そして2013年5月、国連総会において仏領ポリネシアを同リストに登録する決議案が採択された。採択の際、多くの太平洋島嶼国の支援があった。

スコットランドは2014年9月18日にイギリスからの独立を問う住民投票を行う。現在、スコットランド国民党が同地域政府の政権を担っている。スコットランド議会においても住民投票法が成立し、英政府もスコットランドの住民投票を認めている。スコットランド政府のサルモンド首席大臣も独立によって公正と繁栄が実現すると述べた。[2] 2012年9月、スペインのカタルーニャ自治州では150万人規模の独立を求めるデモが行われた。同自治州の議会は「主権宣言」を採択し、独立を問う州民投票の準備が進められている。

3　琉球独立に関する一問一答

琉球独立に対して様々な誤解が存在するが、それらに対して反論を行いたい。

（1）「琉球は日本の一部のままで植民地体制を廃絶させ、基地を縮小させることができる」

　琉球の各界のリーダーにより構成される沖縄道州制懇談会は特例型沖縄道州制の提言をまとめ、2008年に沖縄県知事に提出した。琉球が仮に日本の道州になり、分権化が大きく進んだら基地を撤去できるだろうか。

　道州制が導入されても、外交、安全保障、金融、経済政策等は中央政府が掌握することが前提とされており、日本の安全を理由にして「沖縄州」に基地が押し付けられるだろう。市町村合併の論理と同じく、道州制は都道府県を広域的に統合し、財政コストを削減することを目的としており、主に自民党や経済団体から示されてきた提案である。日本側に道州制導入の決定権があり、琉球は日本に期待し続ける従属的関係におかれる。

　10万人の反対集会、全議会の反対決議、知事や市長の抗議、全市町村長による首相への直訴等にもかかわらず、日本政府は有無を言わさずオスプレイを配備した。またサンフランシスコ講和条約によって琉球を切り離した「屈辱の日」である4月28日に「主権回復の日」の式典を挙行した。

　琉球人の怒りや琉球の存在を無視する日本の下では植民地体制をなくすことはできない。

　沖縄戦の捨て石作戦を見れば分かるように、沖縄戦は「本土決戦」を遅らせるためのものであった。琉球の島々を捨て石にして日本を守るというのが日本の安全保障政策の根幹にある。

　私は2004年に沖縄国際大学に米軍ヘリが落ちたとき現場にいた。その時感じたのは、米軍は琉球人を守ることができるのか、という疑問である。ヘリ事故調査も米軍が行い、調査結果は未だに日本政府に報告されていない。現場の米兵の中にはトランプをしながら談笑していた者もいた。自分たちが起こした事

故に対して責任感が欠如している人たちが琉球や日本を守れるはずがない。

　戦争で負けたことに対する負い目が日本にあるとともに、「米軍基地があるからこそ日本は守られている。基地を置くために米軍やその家族に対しては優遇的な措置を取る」という考えが政治家、官僚、一般国民に共有されているのではないか。

　日本政府に対して基地の問題を質すとアメリカが関係するからどうしようもないと言い、アメリカに訴えると日本国内の問題だと言われる。抑圧された琉球人にとっては抵抗の相手が２つ存在し、両者とも責任逃れをする。中央、都市部ではいらないものを周辺に押しつけ、その見返りにカネを与える。しかし、カネ以上に基地があることの経済的な損失は大きく、犯罪や事故など貨幣では換算できない犠牲、コストといったマイナス面も数多く存在する。以上のような矛盾は、琉球が日本国の一部のままでは解決不可能である。

（２）「なぜ今、琉球の独立なのか」

　基地被害や差別を告発するだけではなく、問題の源をなくす具体的な方法として独立を本気で考えなければ、琉球はこの先も屈辱の歴史を歩まされる恐れが大きい。琉球が主権をもたない限り、オスプレイの強行配備、辺野古での基地建設等、琉球人の人間としての権利を無視して日米両政府は琉球の土地を自分勝手に使うだろう。

　独立は琉球にとって目的ではなく手段である。基地を自らの手でなくし、日本による約400年にわたる差別や支配から解放され、経済自立を実現し、琉球人の生活や平和を創造し、自らの言葉、教育、文化、自然を守り育てる手段である。

　これ以上、日本に外交を任すことができない。尖閣諸島の国有化という日本外交の失敗が戦争の危機を招き、琉球が戦場になる恐れが高まった。琉球人が生き残るために独立の選択肢が現実味を帯びてきている。

　琉球が日本のひとつの地方自治体として安住するのではなく、独立を前提として政治経済を主体的に進めるなかで日米両政府との交渉力も増し、差別や無視の対象でなくなる。

(3)「独立したら中国が侵略する」

　中国の琉球侵略は将来におけるひとつの仮説でしかない。しかし、日本が琉球を侵略し、日米が植民地支配している現実の方が、琉球人にとっては解決すべき最優先の課題である。中国が琉球侵略の暴挙をした場合、世界中から非難され、国連常任理事国としての威信、世界経済第2位の国際的地位を失うだろう。さらに第二のチベット、ウイグル問題を抱え、中国自体が瓦解しかねない。そのようなリスクを冒して琉球侵略をしても、全く利益にならない。「中国が琉球を侵略する」という言葉は、日米による琉球植民地支配を永続化させる脅し文句でしかない。

　米軍が琉球にいても、最近の中国における反日的破壊活動を抑え、中国人活動家による尖閣諸島上陸や中国公船の領海侵犯を抑えることができなかった。つまり米軍は抑止力として機能していないのである。

　琉球が独立していた頃、琉球人が中国に通う際に尖閣諸島を航路標識代わりに使っていたのであり、中国以上に琉球との歴史的関係が深いのが尖閣諸島である。日本はその琉球を併合したことをもって尖閣の領有権を正当化し、国有化によって危険な状況を作り出した。尖閣を戦争の起点ではなく、コモンズの領域にして平和を創造する場所に変えていくべきある。それを実現するためにも琉球が主権を回復する必要がある。[3]

(4)「日琉同祖論を信じて自らを日本人と思っている琉球人が多い」

　柳田國男、伊波普猷等の日琉同祖論は仮説でしかない。ユネスコは琉球諸語を独自の言語であると認めており、琉球大学では石原昌英氏等により独自な言語としての研究も進められている。DNA研究等の生物学、形質考古学の研究においても日本人と琉球人が異なることが証明されている。[4]

　現在、「沖縄差別」「県外移設」と主張し、被差別や脱植民地化の主体として自覚した琉球人が増えており、日琉同祖論を過去のものにしている。オスプレイの強制配備後、「復帰」運動をした、日本人や日本に期待していた世代も、地元紙の論壇や反基地集会で独立を明確に主張するようになった。学術上の仮説と、現実の「沖縄差別」、琉球民族意識の高揚とのギャップが大きくなって

第 7 章 「沖縄問題」とは何か

（5）「独立運動はテロリズムに発展する」

　2013年1月30日、国民新党の自見庄三郎代表は普天間基地の移設問題が琉球の分離独立運動を引き起こし、ゲリラ闘争、爆弾テロに発展すると述べた。自見氏は「国内ゲリラは分離独立運動が原因で起きる。国のかじ取りによっては東京でも爆弾テロが発生する」と発言した。「独立運動＝ゲリラ闘争＝テロリズム」という図式で、独立について考え、議論し、政治活動をすることを抑圧している。これは植民地支配、基地の押し付けを固定化する言説であり、琉球差別の一形態である。

　独立を目指し、独立に向けて議論し、活動することは次の国際法で保障されている。国連憲章や国際人権規約等は、独立を含む人民の自己決定権の行使を認めている。市民的及び政治的権利に関する国際規約の第18条「思想、良心及び宗教の自由」、第19条「表現の自由」、第27条「少数民族の権利」に拠って、琉球独立に関する研究や議論を行う権利がある。

（6）新崎盛暉氏の琉球独立批判に対して

（i）「今の東アジアの情勢の中では不可能に近い。米国まで介入して日本、中国がしのぎを削る東アジアで、沖縄が独立することは可能なのか。帝国主義国家が自分達の利益を目指して虎視眈眈と爪を研いでいる」

　これまで独立してきた世界中の植民地は厳しい帝国主義の中に置かれていたが、それでも独立を実現できた。緊張が高まる東アジア地域や琉球の平和のためにも琉球独立が必要である。

　東アジアの平和を実現する上で参考になるのがEUである。長年、普仏戦争、第一次・第二次世界大戦等、ドイツとフランスは戦争をしてきたが、欧州の平和と発展を実現するために両国が主導してEUが形成された。東アジアの緊張を引き起こしている既存の国家に政治や外交をまかせていたら、東アジアで戦争が勃発し、琉球は戦場のひとつになる恐れがある。東アジアにおいて超国家の地域統合をするための交渉、協議のセンターとして、これまで反戦平和

の運動をしてきた琉球が最もふさわしいだろう。

　東アジアや東南アジアにおける民主化や政治経済的な統合化、中国や台湾と太平洋島嶼国との政治経済的関係の強化等を考えると、アジアの状況はむしろ琉球独立を後押ししているといえる。独立後、琉球はアジア経済のダイナミズムの中に、日本政府の介入をうけないで直接参入でき、かつての琉球王国のようにアジアを相手にした発展を実現できよう。

　(ⅱ)　ユーゴスラビアの例：「多民族共生国家の実験場だったが、民族主義的リーダーたちが内部の差別や経済的格差を理由に独立を目指して国家をばらばらにした結果、どうなったか」

　旧ユーゴは「7つの国境、6つの共和国、5つの民族、4つの言語、3つの宗教、2つの文字、1つの国家」と言われたように、琉球とは歴史的、政治的、地理的背景が全く異なり、両者を比較すること自体が問題である。

　世界には平和的に民族独立を実現し、独立後も平和的に国を存続させているケースの方が多い。紛争発生の一要因である民族主義を主要因のように主張し、脱植民地化運動の主導的な担い手になりうる民族という抵抗集団の形成可能性を排除することは、植民地支配の温存につながるだろう。琉球の場合は、ガンジーがインドの脱植民地化運動で行ったように非暴力主義で民族運動を進めるべきであると考える。

　自分の民族的帰属性をどのように考えるのかは自由であり、国際社会でも認められている。日本の中でも在日朝鮮人・韓国人、中国人、ブラジル人、フィリピン人等の諸民族が共生する街づくりが目指されている地域がいくつかある。民族としての存在を互いに認め合うことが平和主義につながるのであり、民族の存在を否定することはかえって対立や紛争を招くだろう。

　国家をつくるのは人間である。平和・安全・発展を実現するために自らの国家を創造する主権を世界の人民・民族は有している。既存の国家それ自体の維持が目的になったのでは、その抑圧下にある人々は奴隷の境涯のままにおかれよう。

(ⅲ)「沖縄は沖縄として自己決定権を拡大していく。それは地方自治の範囲で可能かもしれない」

　地方自治とは、中央政府が地方政府を対等な交渉相手として扱うことが前提となる。しかし琉球がどんなにオスプレイに反対し、地位協定改正を求め、基地の県外移設を訴えても中央政府は聞く耳をもたない。大田昌秀・元沖縄県知事が行った代理署名訴訟（米軍用地の強制使用に必要な代理署名を拒否できるかどうかで国と大田知事との間で争われた）で、1996年8月に最高裁で大田知事が敗訴した。

　基地問題に対する琉球人の主張は国内問題に矮小化され、日本の裁判所、国会、行政府に握り潰され、無視されてきたのである。そのような状況において地方自治は不可能ではないか。琉球と日本とを対等な関係にする有効な手段が独立である。

（7）「琉球独立運動は排外主義につながる」

　琉球の政治的地位を決定できるのは、国際法上の法的主体である琉球人である。グァム、ニューカレドニアにおいて目指されているように、新たな政治的地位を琉球人が住民投票で決め、独立後の憲法を他の民族を含んだ全住民で行う方法もあり、移住者が島の政治形成過程から排除されるわけではない。

　独立後の太平洋島嶼国をみると、島嶼民の生活、地元企業、自らの文化や環境を保護・育成する法制度が制定されてきた。太平洋島嶼国では、外国人や外資は島の土地を所有できない。島嶼民優先の雇用、厳しい環境保護等が法制度で規定されている。植民地時代に島の民族が外部の移住者によって排除、搾取された状況を繰り返さない措置である。島嶼民を守るために国家を形成したのであり、移住者はそれを前提に島嶼で生活をしている。

　民族主義＝排外主義という図式は一面的である。欧州諸国では外国人排斥問題が深刻化しているが、その背景には当該国における失業問題等の経済不況、格差・差別問題がある。排外主義が発生するのは民族主義だけが要因ではない。私は『琉球独立への道』の前書きに「私は琉球の愛国者であるが、国粋主義者ではない」と書いた。国粋主義者は自分の国だけが優れ、他の国を蔑視す

る考えの持ち主である。民族主義であっても他の民族との共生を目指す民族は世界に多く存在している。琉球はこれまでアジア太平洋の様々な文化を吸収して自らの文化を形成した開かれた島々であった。排外主義にならない民族主義は琉球でも可能であろう。

　琉球人という民族への帰属は、他者がある定義・指標に基づいて決定すべきではない。各個人が自らを琉球人であると自覚し、他の琉球人メンバーもその人を同じ民族であると認め、互いに協力しながら生活し、脱植民地化運動をするなかで琉球人の共同社会が形成されていくと考える。

(8)「独立後、琉球の経済は破綻する」

　「復帰」後の振興開発体制の大きな柱は、日本企業の誘致を目的にしたインフラの整備、規制撤廃等にあった。琉球の経済政策は、東京に拠点を置く沖縄開発庁（現在の内閣府沖縄担当部局）が決めてきた。「復帰」後、総額約10兆円の振興開発資金が注がれたが、「開発の目玉」と呼ばれた金融特区、IT特区、自由貿易地区等はほとんど失敗した。「復帰」後、日本の企業や製品が琉球の市場を席巻し、日本企業による琉球企業の吸収・合併が進み、琉球企業を倒産させ、多くの失業者が生み出された。[7]

　42年間も振興開発が行われたが、経済自立せず、失業率も高く、年間所得も全国最下位であり、県内・外格差も大きい。2012年から始まった一括交付金の使途は日本政府の官僚が決定権を握っている。様々な経済振興は基地を押しつける手段と化している。このような状態は1970年代にフランスで生まれた経済理論のレギュラシオン理論によると「経済危機」であり、新しい制度諸形態を必要とする事態である。[8]

　日本政府によって琉球の手足が縛られたことが琉球の経済政策失敗の最大の原因である。琉球を支配し、管理する日本政府という枷を外すだけでも、経済発展の可能性は大きくなる。

　「経済自立していない。日本政府からの補助金に依存している」という言説が流布している。しかし日本は巨額の財政赤字を抱えて経済自立していないが、琉球には自立という目標を示し、指導する植民者的立場を装っている。

しかし琉球は約600年、東アジア、東南アジアの中で独立国家として存在してきた。琉球人の世界的ネットワーク、琉球人の政治・経済能力の向上、経済のグローバル化やIT化、アジア経済の発展等を考えれば、琉球は日本国という枠組みから離れることで、かえって経済発展の可能性が広がるだろう。

かつて琉球国の交易相手国であったアジアの国々では民主化や経済発展が著しく進んだが、琉球には基地が押し付けられ、日本に従属した奴隷的境涯におかれたままである。本来得られたはずの莫大な経済利益が基地によって奪われてきた。日本政府がどれほど多額の公的資金を投じても、島外に流れ、外部資本の支配を強化しただけであった。経済主権を握る日本政府による振興開発の策定・実施過程には、琉球人という主体の存在や参加が欠如しており、今の経済体制が続く限り、琉球の経済自立は実現しないだろう。

(9) 「独立後、琉球人は食べていけない」

独立後、琉球が関税、通貨、予算に対する主権を獲得し、琉球人の雇用を増やし、琉球企業の発展を推し進める。琉球内で琉球人のための生産を行う企業の設立や進出を促す。琉球独自の労働法・環境法・税のルールを守ることが日本企業を含む外資には求められる。

琉球は市場のルールを定め、金融政策、財政政策、為替政策、税制等の政策を策定する。琉球で経済活動を行う外資に対する課税収入により、ザル経済（植民地経済）の抜け穴を塞ぎ、基地跡地を発展させることで自立経済を実現できる。

沖縄県は2007年において国税として年間約2,834億円の税金を日本政府に払っているが、独立すればそれは琉球のものになる。さらに沖縄県、市町村の地方税収入はそれぞれ約1,040億円、1,364億円である。独立後、約5,238億円の琉球独自財源の使途は自由であり、有効な経済政策を打ち出せる。

既に返還された米軍基地跡地では税収、雇用とも飛躍的に伸びている。北谷町の美浜や那覇の金城地区や那覇新都心等がいい例である。基地労働者の給与など基地関連収入は県民総所得の約5％まで低下しており、基地労働者（約9,000人）は県就労者（約62万人）の約1.5％にすぎない。一方、基地は県面積の

1割を占め、交通の要所に陣取っている。失われた経済効果の方が遥かに大きいのである。「基地があるから潤っている」という言説は通用しない。

(10)「独立すると琉球は孤立する」

　外交権を行使し、現在よりも世界中の国や地域と政治的、経済的、文化的に深くつながることが可能になる。米軍が攻撃を仕掛けた国の人々から琉球は「悪魔の島」と呼ばれ、加害者にされてきた。独立により一切の基地を廃絶して、「悪魔の島」の汚名を返上して「平和の島」として世界中に友を増やすことができよう。

　沖縄戦で明らかになったように、軍隊は琉球人を守らなかった。軍人は琉球人を虐殺し、集団死を強制した。太平洋諸島でも同様なことが発生した。島嶼での戦争において、島が海に囲まれているため、住民は逃げ場所がなく、戦闘に巻き込まれて多くの犠牲が生じるのである。現在はミサイル戦争の時代であり、琉球における軍事力強化は抑止力にならず、ミサイル攻撃の標的となる可能性が高まることを意味する。

　宮古・八重山諸島に新たに建設されようとしている自衛隊基地も仮想敵国からの侵略を防ぐことができる規模でも内容でもない。自衛隊や米軍の基地による抑止力は日本のためのものであっても、琉球のためのものではない。安全保障という場合、誰のための安全保障なのかを考えなければならない。島に住み、戦争になったら攻撃の対象になり、日々の生活の中で軍人の被害を受ける人間の立場になって軍隊の意味を認識する必要がある。

　諸大国がせめぎ合うバルト海のオーランド諸島のように、琉球を永世中立の島にすることによって、かえって周辺の国々の緊張緩和、平和につながるのではないか。

　独立を実現した太平洋島嶼国の大半は軍隊を持っていない。コスタリカにも軍隊がない。非武装中立は理想論ではなく、世界に現実に存在しており、琉球もその道に向けて歩むことができる。

　軍事力で琉球を守ることはできない。琉球が有する財産は、王国時代から蓄積された東アジアや東南アジアの国々、太平洋諸島等との歴史的、文化的、人

的関係である。アジア太平洋地域との交流を促し、相互の経済投資を活発にし、航空交通網を拡充し、琉球をアジア太平洋の人々が交流し合うセンターにし、人間として互いの信頼関係を深めていくことが琉球にとって有効な安全保障になる。そのために国連アジア本部、国連機関、国際NGO機関を琉球に設置する。

　与那国島と台湾との距離はわずか約110kmだが、定期船もない。国際港開設を2回、日本政府に申請したが、港の大きさなどから税関や入管を置くことはできないと却下されてきた。戦後の一時期、与那国は台湾等との交易で人口が2万人近くに達したが、今は1,553人（2013年10月末現在）であり、今、自衛隊基地が建設されようとしている。琉球の地理的な有利さは日本の支配下において活かせず、独立によりアジア太平洋地域と十全に交流することが可能になる。

4　まとめに代えて——日本人に求めること

　琉球の基地問題は「沖縄問題」であると言われてきた。「復帰」後42年間、また戦後69年間、琉球人は日本人に「沖縄問題」を訴えてきたが日本人は無視し、犠牲を押し付けてきた。近年は平和を求める琉球人に対し公然と罵倒し、卑下し、中傷する日本人の集団も出現するようになった。「沖縄問題」は一向に解決せず悪化するばかりである。いつまで琉球人は日本人に理解を求めなければならないのか。日本人の意識が変わらないのは琉球人の説明不足である、もっと日本人に訴えるべきであるとアドバイスをする日本人もいる。日本人は自らが人間として当然すべきこと、考えるべきことを放棄しているから、「沖縄問題」は未だに解決しないのである。「沖縄問題」は「日本問題」である。

　琉球の植民地主義が深化しているのは、琉球人の自治に対する取り組みが弱いからではない。琉球人は、1879年の琉球併合から現在に至るまで自らの主権を回復し、平和、自由、人権の確立を目指して自治・自立・独立運動を展開してきた。他方、日本は本当に自らの力で、1952年4月28日に主権を回復したのであろうか。アメリカによって主権が与えられたのである。他国軍の基地が存

在する日本の主権は空洞化しており、本来なら、「主権喪失の日」と言わねばならない。

　琉球の自治が衰退しているのではなく、日本の自治が大きく損なわれているのである。その現実を日本人は直視せず、琉球に犠牲を押し付けて、自らの安全や発展を求めてきた。独立運動は、日本の琉球に対する不正義や差別の鏡でもある。

　1人の琉球人として日本人に次のことを求めたい。琉球人は米軍基地の県外移設を主張している。日本人は琉球から米軍基地を引き取り、その上で基地を保持するのか、撤去するのかを日本人で議論し、決めるべきである。基地負担を70年近く琉球に押し付けて、自らの安全、経済発展に安住する不正義な態度を改める。琉球人は日常的に米軍基地の被害を受けている。日本人が日本で平和に生活している時、琉球人が苦しんでいることを想像する。米軍によって日本の安全が守られると思うなら、自らの土地に米軍基地を置くべきであると琉球人は訴えている。その叫びを自分の問題であると真摯に受け止める。

　日本から平和的に独立しようとする琉球人の自己決定権行使を、1人ひとりの日本人が理解し、その活動を妨害しない。日本人と琉球人とは別のネイションであり、共通の歴史や文化、そして価値観を共有していない。琉球人は日本や日本人に対して期待し、希望をもつという幻想から目を覚ましつつある。現在の植民地支配というアブノーマルな状態から、独立によりノーマルな状態に移行させる権利を琉球人は持っている。

　1879年から現在まで続く琉球と日本との植民地主義的な関係がなぜ形成されてきたのか、それがこれからも続こうとしている中で、なぜ琉球人が独立を主張するようになったのかを真剣に考えてみる。自分が琉球人の足を踏み続けていることが分かるだろう。琉球人が自分と同じ人間であり、そのような人間が琉球に住んでいることを思い、実際に島に行き、琉球人から話を聞いてみる。そして琉球に対する、無意識の、または意識的な差別や植民地支配から自らを解放する。

註

1) 琉球のナショナリズムについては松島泰勝（2012）『琉球独立への道——植民地主義に抗う琉球ナショナリズム』法律文化社。
2) 2013年3月22日放送のBBCテレビ・ニュース。
3) 尖閣諸島問題に関しては松島泰勝（2013）「尖閣諸島は『日本固有の領土』なのか」『情況』2013年1・2月合併号を参照されたい。
4) 安里進・土肥直美（2011）『沖縄人はどこから来たか——琉球＝沖縄人の起源と成立』ボーダーインク。
5) 『琉球新報』2013年1月31日朝刊。
6) 新崎盛暉「いま独立論」『琉球新報』2012年5月10日。
7) 琉球経済の理論、政策、経済史に関しては松島泰勝（2001）『島嶼沖縄経済史——12世紀から現在まで』藤原書店と同（2006）『琉球の「自治」』藤原書店を参照されたい。
8) レギュラシオン理論については、ボワイエ，ロベール（1989）『レギュラシオン理論——危機に挑む経済学』山田鋭夫訳、新評論を参照されたい。
9) 沖縄国税事務所のウェブサイト「国税の概況表」(http://www.nta.go.jp/okinawa/kohyo/tokei/h22/pdf/1-3.pdf, last visited 24, March, 2013) 参照。
10) 沖縄県企画部編（2012）『経済情勢（平成23年度版）』沖縄県企画部、22-24頁。

8 戦争の倫理学
「テロとの戦い」と倫理

栁澤　有吾

1　はじめに

　戦争はあってはならない。しかし、その「あってはならない」はずのことが実際に「ある」ばかりでなく、ときに「正しい戦争」の名のもとに「あるべき」ものとして要請され、待望されることすらあるのが現実である。そのギャップはどのようにして乗り越えられるのだろうか。

　戦争の正当化条件をめぐる議論は伝統的に「正戦論」とよばれ、その歴史は中世にまで遡るが、非暴力・非軍事的介入が課題となっている今日もその重要性は失われていない。「テロとの戦い」をブッシュ元大統領が「善と悪との戦い」と称したように、武力紛争や軍事介入が道徳的な色彩を強めるなか、「正しい戦争」の可能性と限界について考察することは、いっそうその重要性を増してきているといってもよい。ここでは、ブッシュ政権の反テロ戦争を支持したF. フクヤマ、B. エルシュテイン、M. ウォルツァーら一部知識人による公開書簡[1]とそれへの批判を出発点に正戦論の要点を確認するとともに、その中核をなす「非戦闘員保護の原則」について、ドイツの「航空安全法」論争に即して、さらに立ち入って検討することにしたい。

2　「わたしたちは何のために戦っているのか──アメリカからの手紙」

　あらゆる戦争は恐るべきもので、政治的失敗の印です。……しかし、悪を阻止することが最も重要なときがあり、暴力と憎悪、不正に対して戦争に訴えることが道

徳的に許されるばかりでなく必要とされる場合もあります。今はそのような時です。

9・11同時多発テロの5ヵ月後に発表された「アメリカからの手紙」の中で、「正義の戦争」についての基本的な考え方が示されている部分である。武力行使がすべて否定されるわけではないことが強調される。それは、逆に言えば、すべてを力の論理に委ねてしまう立場とも一線を画すということである。

> 「現実主義」の名の下に、戦争というものは本質的に自己の利益と必要に関する領域であって道徳的分析の試みにほとんど意味はないとする人々もいますが、賛成できません。戦争に関して客観的な道徳的論証を試みることは、正義に基づく市民社会と世界共同体の可能性を擁護することです。

エゴとエゴがぶつかり合うこの世界で「正しさ」を云々すること自体ナンセンスだと現実主義を掲げるのでもなく、かといって、いかなる武力行使にも全面的に反対する絶対的平和主義を旗印にするのでもなく、「正しい戦争」と「不正な戦争」を区別することが可能であり、また必要でもあると考えるのが正戦論の立場である。

「正しい戦争」をめぐる議論は、西欧世界では、大まかに言ってつぎのような歴史的歩みをたどることになった。まず、初期キリスト教の暴力否定がアウグスティヌスからトマス・アクィナスに至って大きく転換され、戦争の動機や意図など、その条件が問われるようになって、「正戦」概念の原型が確立される。その後、キリスト教世界の衰退と近代の絶対的な主権国家の出現を背景に、戦争そのものの正当性は問わない——優越した権威が存在しないがゆえに正当性を問うことができない——無差別戦争観の時代を迎える。しかし、大きな教訓を残した2度の世界大戦から今日に至る戦争違法化の流れの中で、大別して2種類の「戦争のルール」が確立されることになる。ひとつは、武力に訴えることの妥当性の基準としての jus ad bellum（ユス・アド・ベルム＝戦争への法／開戦法規）であり、もうひとつは、具体的な戦い方を規制する jus in bello（ユス・イン・ベロ＝戦争における法／交戦法規）であるが、ここでまず問題になるのは、前者の jus ad bellum である。「アメリカからの手紙」に即して、その主な内容を確認してみよう（項目名を【　】内に補記する）。

正義の戦争の原則が教えるところでは、侵略や勢力拡大のための戦争は決して認められません。国家の栄光、過去の不正に対する復讐、領土獲得、その他、自衛以外のどんな目的であれ、正当とは認められません【正しい意図】。……脅威が小さかったり、疑問の余地があったり、帰結がはっきりしなかったりするとき、あるいは、交渉や理性への訴え、第3者による説得その他の非暴力的手段によって緩和可能である場合には、正当な戦争とはいえません【最終手段】。が、罪のない人々（the innocent）の生命に対する危険が現実的で確実な場合、とくに、攻撃する者が抑えがたい敵意に突き動かされている場合には【正当な原因・理由】、それに見合った武力行使が道徳的に正当化されます【マクロレベルの均衡性】。……正義の戦争を遂行できるのは、公共的秩序に対して責任を負う正統な権力機関だけです。自分勝手な暴力、ご都合主義的暴力、個人主義的暴力はけっして道徳的に認められません【正統な権威】。

「アメリカからの手紙」は、以上のように、伝統的な正戦論に則って「テロとの戦い」を正当化しようとしていることがわかる。しかし、テロリストをターゲットにしていても、その通りに事が進むとはかぎらない。現に、アフガニスタン戦争では一般市民が巻き込まれて多数の死傷者が出たことも報道されている。それでもその戦いは「正しい戦争」と言えるのか。

ここで問題になるのが、もうひとつの戦争のルール jus in bello である。戦い方を規制する法は、必要以上に危害を加えることになる手段を避けるというミクロレベルの均衡性と、捕虜や衛生兵なども含む非戦闘員の保護、主としてこの２項目から成る。とくに重要なのは後者の「非戦闘員保護の原則」である。

　　　正義の戦争の相手は戦闘員だけです。非戦闘員は意図的な攻撃を免れることになっています。状況によっては、厳格な制約のもと、意図したものではないにしても予見可能な（unintended but foreseeable）死もしくは負傷を非戦闘員に対して帰結するような軍事行動を企てることが道徳的に正当化されることもありえます。しかし、非戦闘員の殺害を軍事行動の作戦目標とすることは道徳的に許されません。

この「意図」と「予見」の関係が問題なのであるが、それについては後でもう一度ふれることにして、いまは「非戦闘員保護の原則」が、状況次第で様々な解釈や限定を許すものとして位置付けられていることに注意しておきたい。

　　　9月11日に3,000人を無差別に殺戮し、自らも認めているように、何よりもそれ

をもう一度やろうとしている人々は、合衆国ばかりでなく世界中の善意の人々にとって、明白かつ現在の危険（clear and present danger）です。そのような行為は、罪のない人間の生活に対するむき出しの攻撃のまさに実例であり、世界を脅かす悪であって、それを取り除くために武力行使が必要なのは明らかです。

いや、それはけっして明らかではないと、ドイツの知識人からの批判的応答「ドイツからの返信」が届いた。そこには次のような一節がある。

> ひとつの大量殺戮を別の大量殺戮によって正当化することを許すような普遍妥当的価値は存在しません。最新の兵器システムによる爆撃がもたらしたアフガニスタン市民の大量殺戮について、あなた方のアピール文がただの一言もふれていないことは理解しがたいことです。

それに対するアメリカからの第2信には、自分たちの主張が理解されないことへの苛立ちが伺える。

> 〔「ドイツからの返信」は〕アフガニスタン戦争における民間人の犠牲者の話を持ち出していますが、正しい動機に基づき、民間人の犠牲を最小限にとどめることを目標にした戦争の現場で図らずも（unintended）民間人犠牲者が出てしまうことと、不正な動機に基づき、民間人の犠牲者を最大化することを目標にしてダウンタウンのオフィスビルにいる民間人を意図的に（intentional）殺すこととを同等とみなすのは、道徳的な分別を欠いた振る舞いです。

これを受けたドイツからの第2信は、アメリカ側の正戦論の独善性を指摘する。

> ここ数世紀の戦争で、両陣営が「正しい戦争」や「聖戦」と称さなかった戦争はほとんどありません。……そもそも、軍隊と戦うのではなく、地域全体、地域住民、そして住民にとって不可欠な資源を破壊する兵器を用いる戦争を「正しい」と称することなどできるのでしょうか。……「正しい」と思われることの評価が、爆弾を投下する人の視点に立つか避難する人の視点に立つかで、大きく変わってくるのは当然とも言えます。あなたがたが手紙の中でほのめかしているように、アフガニスタンで「うっかり（unintentionally）」殺してしまった民間人にはアメリカ合衆国で計画的に（intentionally）殺された民間人ほどの道徳的重みはないとすることが、ほんとうにできるのでしょうか。

「正戦論」のいう「正しさ」は主観的相対性を免れないという批判もなされているが、「図らずも」犠牲者が出てしまうこと、「うっかり」民間人を殺害してしまうこと、こうしたところでの「意図」についてはどう考えられるべきだろうか。先に見たように、誤射や誤爆の可能性は「予測」の範囲内にある。予測されてはいても意図されていなければ、非難されるいわれはないのだろうか。意図された善い結果と予測された悪い結果をそのように切り離す「二重結果の原則（principle of double effect）」は、長い歴史と多くの議論の蓄積を有する主題である。が、問題になっている行為を「意図」することとそれに伴って「予測」される出来事とが切り離しがたく結びついているとき、それでも意図と予測は別物だと言い切れるのか。意図さえよければそれに伴う被害は「付随的被害（collateral damage）」として処理してかまわないのだろうか。人間の尊厳と権利を守るための戦争であったはずが、逆にそれを損なう結果になっているとすれば、まさしく、いったい「わたしたちは何のために戦っているのか」（「アメリカからの手紙」の表題）、問われることになろう。

　一方、「悪」との戦いに伴って被害が出ることは、この世界に生きることのコストであるという冷めた意見もあるかもしれない。そのように言うにはあまりに不均等にその「コスト」は配分されているのが実状ではないかと思われるが、しかし、確かにアフガニスタンやイラクだけが問題であるわけではない。「テロとの戦い」は、平和な国々の生活の直中にも思わぬ事態を出現させることになった。それと同時に、「非戦闘員保護の原則」も別の角度から問い直されることになる。以下では、そのことをドイツの事例に即して見ていくことにしよう。

3　乗っ取られた旅客機は撃ち落とされても仕方ないのか

（1）航空安全法の衝撃

　9・11のその日、ブッシュ大統領は、チェイニー副大統領の求めに応じて不審機撃墜を許可する指令を出したが、緊急事態の名の下に、はたしてそのようなことまで許されるのか。ドイツでは、ハイジャックされた旅客機の撃墜を法

律的に許す「航空安全法」が上程されたことで、R. メルケル、M. パヴリックら法学者を中心に激しい議論が巻き起こった。

　焦点となったのは、同法第14条第3項に明文化されている民間航空機撃墜の可能性が、基本法2条の生命権尊重やそれと密接な関係にある基本法第1条の謳う「人間の尊厳」の尊重に抵触するのではないかという点である。航空安全法は、連邦議会では激論の末に可決されたが、野党が多数を占める参議院では否決され、両院協議会でもまとまらなかったため、結局、連邦議会での再可決を経て成立するに至った。ケーラー大統領（当時）は、署名こそ拒まなかったものの、憲法との整合性について重大な疑念があると表明した。その後、FDP（自由民主党）の議員らから憲法異議が申し立てられ、それに対して、法案可決の翌年2006年2月15日、連邦憲法裁判所が答を出すこととなったのである。

　連邦憲法裁判所第1法廷は、乗っ取られた航空機の撃墜権限を与える第14条第3項について、基本法違反を理由に「無効」を宣言した。形式面での問題点も指摘されたが、実体面では、航空安全法第14条第3項は、機上の無関係な人々に対して武力が行使されるかぎり、基本法第1条第1項に掲げられた人間の尊厳保障と結びついた生命への基本的権利（基本法第2条第2項）と相容れないとされた。機上の人々は、他の人々を救済するための手段として国家によって利用され殺害されることによって、単なる客体として扱われる。つまり、人間に付与されているそれ自体としての価値が否定されることになるというのである。

　判決は、撃墜正当化理由として提出されている5つの議論に対しても個別に論評を加え、以下のように、いずれも否定する。

　①推定的同意の想定（「もしもうすぐ死ななければならないとしたら、できるだけ他人を救うのに役立つような仕方で」と乗客自身も考えるだろうという想定）は、現実離れしたフィクションに過ぎない。②航空機の乗客はいずれにせよ死を免れないと判断されたからといって、罪のない人々を殺すことがその尊厳尊重に反することにかわりはないのであって、人間の生命と尊厳は個々の人間が肉体的存在として存続する時間に関わりなく、憲法上等しく保護される。また、状況

判断は不確かなので、「いずれにせよ失われる命」と確言することもできない。③乗客は「武器の一部」であって、そのようなものとして扱わねばならないという解釈は、被害者をもはや人間として捉えるのではなく事物の一部とみなし、したがって物と化しているのだということをあからさまに表現している。④法的共同体の崩壊や破壊を狙った攻撃に対する唯一の防衛方法である場合には、個人は国家全体のためにその命を犠牲にする義務があるという考え方も別の結論に導くものではない。第14条第3項の適用領域で問題になっているのは、国家の法秩序や自由秩序の破壊を狙った攻撃の回避ではない。⑤武器として利用された航空機の目標地点に居る人々に対する国家の保護義務によって14条第3項を正当化することもできない。そのような保護義務を果たすうえでは、憲法適合的な手段しか選んではならないからである。

　この判決に対する大方の反応としては、基本法の根本規定に忠実な方向で判決が出たこと、生命の衡量を認めなかったことで安堵感が広がった面もあるとはいえ、逆に言えば、原則論を繰り返すだけにとどまったとも言える。結局のところ、乗客を乗せた旅客機が現実に乗っ取られてテロに利用された場合、政府としてはどのように行動すべきなのか。裁判所は、乗っ取られた航空機を撃墜した場合の刑法上の評価については判断を差し控えたので、肝心の点について大きな課題を残すことになった。それゆえ、このようにして憲法裁判所が判決を下したあとも、政治的には無論のこと、刑法上の扱いをめぐっても議論は継続されることになったのである。

（2）救済可能性をめぐる異論

　憲法裁判所は従来の議論の枠組み内で撃墜を正当化できるとは考えなかったわけだが、異論もある。2006年発行の『航空安全法コンメンタール』[5]（以下『コンメンタール』と略記）はその一例である。『コンメンタール』は、まず、航空安全法案に付された提案理由に注目するよう促す。とくに、「機上の人々の生命に加えて、目標に合わせて別の人々の生命もまた、暴力行使によって違法に脅かされているということが前提」（BT-Drucks. 15/2361, S. 21）という一文である。「ここで問題になっているのは『一方か他方か』ではなく、『一方だけか、

それとも他方もか』である」(LK, S. 365)。航空機の乗客・乗員だけが犠牲になるのか、それとも航空機の乗客「に加えて」地上の目標地点やその近辺にいる人々の生命「もまた」失われることになるのかが問われている。したがって、「人間の生命に関する差引勘定ではなく、国家が介入しなければ同様に失われてしまうであろう2つのグループに関する救済可能性の非対称性が問題になっているのである」(LK, S. 366)。

その他の不確定要因を括弧に入れて考えるかぎりでは、この指摘は正しい。ある人間を救う「ために」別の人間の命を奪うという言い方が可能だとしても、ある一群の人々を救う「手段として」、そうでなければ何事もなく生き続けられたであろう他の一群の人々を殺害するわけではない。したがって、機上と地上の人間の数の多寡は問題ではなく、その意味での生命の量的衡量の余地はない。そして、質的衡量についても同じことが妥当する。「この場合に問題になっているのは、どの生命に価値があるかということではない。全体としてすでに確実かつ直接的な死に直面している集団の一部が、別の一部の死を早めることによって救われるという話」(ibid.) なのである。

こうした議論はしかし、死の確実性を死そのものと同一視することによって成り立っている。憲法裁判所も指摘したように、ひとつの問題は、状況の不確定性と不可知性にある。テロリストの動機や目的などは明らかにされないのが普通であり、また、機内の様子を外部から十分に把握することも容易ではない。場合によっては、そもそも撃墜措置を不要にするような状況展開にならないともかぎらないのだが、そのことが把握されないまま性急に決定が下されてしまう可能性は排除できない。

とはいえ、実際的な問題とは別に、理論的検討はさらに行わねばならない。かりに、およそ誰も生き残らないよりは誰かが生き残るほうがよいという判断を下すとしても、そのことは機上の人々の死を促進するという代償の下ではじめて可能になることであるから、「最後の数分」における人々の生命の重みを凌ぐものがそこにはなければならない。もしそのようなものがあるとしたら、それは何なのか。

(3)「運命の人質」

　この課題に対して『コンメンタール』が示唆しているのは、刑法上の防衛的緊急避難の議論を援用する可能性である。確かに、侵害される利益に対して保全される利益が本質的に優越していなければならない攻撃的緊急避難——危険を避けるために無関係の第3者に危害を及ぼす場合——とは違って、防衛的緊急避難——図らずも危険原因となってしまった当人に危害を加えることになる場合——には、危険と釣り合いのとれない損害を与えてはならないという条件が課されるだけである。それゆえ、状況次第で危険原因となっている人物の命を奪うことも許されるわけだが、憲法裁判所は、これを航空安全法に適用することは認めなかった。それに対して『コンメンタール』は、「運命の人質」という概念を持ち込むことによって、既知の防衛的緊急避難事例との接続を図ろうとする。「パヴリックのいうように、航空機の奪取は『とてつもない犯罪的攻撃』ではあるが、だからといって正当化的防衛的緊急避難の決定的前提が破棄されてしまうわけではない。それは、殺されるべき者が自らの意識的関与なしに、いわば運命的な仕方で、危険原因になってしまっているのでなければならないということである。……人質に取られることも運命的出来事とみなしうる。少なくとも犠牲者がそのように感じているのは確かである」(LK, S. 371)。そうであるとすれば、「『運命の人質』の殺害だけが（防衛的緊急避難を根拠に）正当化され、『犯罪者の人質』の殺害のほうは依然として犯罪的不正で、単に（免責根拠があるということで）処罰を見合わせるべきだということになるのは何故か、という問いが立てられる」(LK, S. 372)。

　たとえば、転落しかけている登山者がザイルで結ばれたパートナーを道連れにしてしまいそうな場合が考えられる（いわゆる「登山家事例」）。そんなときに人々を襲う「運命」と、乗客を人質にした「犯罪者」とが、ここではパラレルに捉えられている。しかし、その平行性はどこまで主張できるものなのか。武器と化した旅客機の撃墜そのものは防衛的緊急避難で説明できるが、その正当化の効力を罪のない乗客にまで拡大することはできない、というのが一般的な考え方である。メルケルも、「乗客自身が危険原因であるわけではない」と述べていたが、『コンメンタール』はその点を争う。そのように「同じひとつの

行為を正当化される部分と単に免責されるに過ぎない部分に分割することは、刑法的な観点からは許容可能な結果に導くかもしれないが、国家の行為の適切な評価という点では役に立たない。国家が必要としているのは、その行為に関する授権根拠であって免責根拠ではない」(ibid.)。

一体化しているにせよ侵害者そのものではない者に対する攻撃を、侵害者に対するそれと同様に扱ってもよいとする側にむしろ説明責任があると思われるが、『コンメンタール』の関心は国家の行為の正当化根拠が提供されるかどうかのほうにあるようだ。だが、実質的に検討すべきは、「運命の人質」と「犯罪者の人質」との関係である。登山家事例のようなものも比喩的に「運命の人質」と呼べるとすれば、そのように自分の力の及ばないものの「人質」となっている点では、ハイジャック機の乗客とて同じであるようにも見える。もし、そう考えられるとすれば、防衛的緊急避難を、「当人の関与なしに侵害者——正当防衛で殺害してもよい——の『陣営』に入れられてしまっている人を殺害してよいということだ」(LK, S. 371)と解するのも一理あることになる。ハイジャック機の場合には、犯人という形で運命が別に「具現化」(LK, S. 372)されているために、人質を巻き込むような攻撃は無関係な者を巻き添えにする不当な行為であるかのように映るが、「運命の人質」はもともと攻撃されてしかるべき存在であったわけだから、じつは両者は異ならないのだと。しかし、ここで「運命」という言葉を使うとしても、やはりそれが犯人として具現化されている場合と背景に退いている場合とを同じように扱うことはできないのではないか。パヴリックは次のように述べている。

「刑法教義学で防衛的緊急避難のカテゴリーの下に含まれるのは、刑法32条の意味での『侵害者』ではない者が、にもかかわらず帰属可能な仕方で他者にとっての危険を招来した場合である」[6]。登山家の場合は、ともかくも自由に自ら責任を負う形で登山に伴う危険に身をさらしたのに対して、航空機の乗客の行為のうちで当該事態の成立に寄与したのは、搭乗したことだけである。「そのことによって、この航空機の墜落による犠牲者の危険がとくに高まったわけではない。この航空機は、(少なくとも定期便の場合には)乗客なしであったとしても飛び立って、そしてこの場合には、満員だった場合と同じ破滅的な結果を

もたらすことになったであろう。なにより、航空機が犯罪に利用されることの責任は乗客にも乗員にも帰することができないのである[7]」。つまり、たまたま居合わせたに過ぎない乗客に、犯罪行為の責任の一端を担わせるわけにはいかないということである。乗客自身に行為主体としての寄与は認められないのであるから、そもそも「帰属可能な仕方で他者にとっての危険を招来」してはいない。その存在が当該事態の成立にも展開にも全く影響を与えない以上、人格的な行為が危険原因の少なくとも一部を構成している場合と同列に扱うことはできないのであり、したがって、人質を「運命の人質」とみなすことによって結果的に共犯者扱いするようなこともできない。

　さらに、また別の側面から「運命の人質」説の問題点を指摘することもできよう。さきほどは「運命」の側に引き寄せて両者ともに「運命の人質」と呼んでみたわけだが、「犯罪」のほうに合わせて「被害者」という言葉を用いるならば、「運命の被害者」は同じ「被害者」であっても「犯罪の被害者」とは異なる。「運命」はその定義上防ぎようもなく、個人としての受け止め方はさまざまであるとしても、基本的には甘受の対象でしかない。それに対して「犯罪の被害」のほうは、現実的にはともかく原理的には防止可能であり、また防止すべきものであって、甘受すべきものではない。そして、防止に努める責任を負っているのは、他ならぬ国家である。「こともあろうに犠牲者に負担を負わせる形で清算を図ろうというのはありえない話である[8]」とパヴリックが批判したときには、犯罪行為の被害者を殺害することになれば二重の苦難を強いることになり、とても正当な行為とは言えないという意味であったわけだが、最初の「被害」をもたらしたのが犯人だけではなく、国家もまた幾分かはその責を負うべきであったとすれば、「運命の人質」扱いをして犯人もろとも撃墜してしまうようなことは、パヴリックが主張する以上に「ありえない」ことになるであろう。

（４）「準-防衛事態」という新たな論理
　憲法裁判所の判決によって敗北をこうむった側は、今度は基本法の改正に向かった。2007年、ショイブレ連邦内務大臣（当時）は、現行の基本法第115条

で規定されている「防衛事態」と並んで「準–防衛事態（Quasi-Verteidigungsfall）」という新たなカテゴリーが設けられるべきで、それによって連邦軍による航空機撃墜も正当なものとなるという主張を明らかにしたのである。[9]

新たな基本法第87条 a 第 2 項は次のようになるという。「軍隊の出動は、国防、および、国家の基盤に向けられたその他の攻撃に対する直接的防衛のためにする場合のほか、この基本法が明示的に許すかぎりにおいてのみ、許される」。下線部分が新たに付け加えられるべきだとされている部分で、テロリストによる国家基盤への攻撃を明示することによって軍隊の出動を合憲にしようとするものである。そして、航空安全法第14条第 3 項との関連については、戦時国際法に準じた取り扱いになるというのがショイブレの見解である。

こうして航空安全法の問題は戦争法の問題に接続することになる。たとえそれがアクロバティックで強引な解釈であるとしても、曲がりなりにもそのような解釈を可能にするようなものが戦争法規のなかになければ、およそこのような手段をとることもできなかったはずである。「そこ」で認められていることならば、なぜ「ここ」では認められないのかと。しかし逆に、「ここ」で認められないのであれば、なぜ「そこ」では認められるのか、という問い方もできるであろう。「非戦闘員の保護」が単なるひとつの慣習的取り決めではないとすれば、航空安全法をめぐる議論は、「戦争と倫理」の関係を、その根本からあらためて問わなければならないことを示しているのである。

4　結びにかえて——法の限界で

ショイブレの考えるような基本法の改正に対しては各方面からの抵抗が強く、その後も改正の見通しは立っていない。[10]が、政治的な駆け引きとは別に、焦点が何であったのかをもう一度振り返っておく必要はあろう。航空安全法施行直後に雑誌『シュピーゲル』に掲載された B. シュリンクの論説「法の限界で」[11]は、航空安全法に対する深い懸念を表明するとともに、この問題の難しさを法の本質にもふれながら論じている。

よき法は法と道徳のあいだの葛藤を緩和してはくれますが、それを消去することはできません。我々の社会がますます多くの生活領域・局面を法の領域に組み込んできているとしても、法には限界があります。……法の求めることが心情や信仰や良心が求めることと衝突する状況を完全に避けることはできないのです。……法は個人に対してその葛藤に耐え抜き、決断を下し、責任を負うことを要求しなければなりません。法の限界にある葛藤と悲劇は人間存在の一部であり、我々はそれとともに生きなければならないのです。

　「法の限界」において、自らが直面している事態の「割り切れなさ」を引き受けることで、勝義の倫理の場が開かれる。しかし、それは単なる個人的決断の領域ではなく、ここで人は、「人間である」とはどのようなことを意味しているのかを問うなかから答を見出さなければならない。行為を外側から正当化してくれるものを性急に求めるのではなく、葛藤に耐えつつ、人間存在の意味と「正しさ」の根源へと問いかけていかなければならないのである。

　そうであるとすれば、冒頭に掲げた「あってはならない」と「ある」や「あるべき」のギャップもまた、単純にいずれかを選択することで乗り越えられるべきものではなく、先ず以て、持ちこたえられるべきものだということになるであろう。「戦争の倫理学」は、そこから始まるのである。

註
1） "What We're Fighting For: A Letter from America." ドイツからの返信・第2信なども含めて Institute for American Values のウェブサイトで読める（http://www.americanvalues.org/html/follow-up.html, last visited, 01 March 2013）。
2） 二重結果の原則をめぐる議論の詳細については、たとえば以下の文献を参照。Woodward, P. A. ed. (2001) *The Doctrine of Double Effect,* Notre Dame (IN): University of Notre Dame Press.
3） Luftsicherheitsgesetz vom 11. Januar 2005 (BGBl. Teil I S. 78).
4） BverfG, 1 BvR 357/05 vom 15. 2. 2006.
5） Giemulla, Elmar and van Schyndel, Heiko (2006) *Luftsicherheitsgesetz Kommentar,* Neuwied: Luchterhand（以下、LK と略記）.
6） Pawlik, Michael "§ 14 Ab. 3 des Luftsicherheitsgesetzes—ein Tabubruch ?," *Juristen Zeitung,* 21/2004, S. 1048.
7） Ibid., S. 1049.
8） Pawlik, Michael "Zum Abschluß frei" *Frankfurter Allgemeine Zeitung* vom 19. 07.

2004.
9) "Schäuble: Beim Abschuss gilt das Kriegsrecht," *Süddeutsche Zeitung* vom 01. 01. 2007.
10) 2012年夏、憲法裁判所は「例外的状況」における軍隊の国内投入を認めたが、無関係の乗客を乗せた航空機の撃墜が許されていない点に変わりはない。
11) Schlink, Bernhard "An der Grenze des Rechts," *Der Spiegel*, 3/2005, S. 34ff.

9　3・11後の平和責任
長崎で考える

高橋　眞司

1　平和責任の提起と定義——新ミレニアムにのぞんで

（1）平和責任の提起

　わたしが《平和責任》という新しい概念を提起したのは、人類史が新しい千年紀（millennium）を迎える転換点においてであった。

　2000年秋10月、国連に加盟する152ヵ国の政治的指導者・首長たちは「ミレニアム・サミット」を開催し、そこで歴史的文書「UN ミレニアム宣言」を発表した。わたしは長崎にあって、新しい千年紀を迎えて、新しい平和文化の概念を求めていた。戦争とホロコーストの20世紀を去って、21世紀と人類歴史の新しいミレニアムを「平和と人間の尊厳」が尊重される時代とするために、われわれ1人ひとりを人間存在の本来的なあり方に立ち帰らせるような「何か」（etwas）が必要であった。そうして閃いたのが《平和責任》（peace responsibility）という概念であった。

　わたしはこのことばをそれ以前に読んだことも聞いたこともなかったという意味で、それは新しいことばであった。ちょうどシュヴァイツァー博士が「生命への畏敬」（"Ehrfurcht vor dem Leben"）という言葉を、「自分が知るかぎり、いまだかつて聞いたことも読んだこともなかった (das ich, so viel ich weiß, nie gehört und nie gelesen hatte)」[1]と言ったのと同様である。

　「平和責任」をわたしがはじめて提起したのは、2000年11月13日、長崎銀屋町教会で開かれた「長崎 YMCA ／ YWCA 祈りの夕べ」の「奨励」においてであった。

ここで、当時を思いおこしてみれば、「平和責任」という新しい概念をわたしが構想するに至ったのには、いくつかの契機がある。

第1に「世界」である。それは「世界YMCA／YWCA合同祈祷週」の開催にあわせて、それぞれ特異な過去をもつ「日本」、そして「長崎」というローカルな限定された場所（地域）で、グローバルな「世界」に通用する普遍的な生き方の提案であった。

第2に、キイワードは「過去」と対話しつつ、「過去」を乗り越える「未来」にあった。「新ミレニアム」の敷居に立って、視線はおのずから近接の、そしてまた久遠の「未来」に向かわずにはいられなかったのである。

第3に、新ミレニアムを記念する長崎集会は主として長崎の諸大学で学ぶ青年男女が構成する集会であった。対象は未来の担い手である「青年たち」であった。2000年の集会は、その点で、年配の役員や会員を中心に、過去と向き合った1995年「戦後50年」のつどいと対照的であった。

第4に、それは「きりしたん殉教の聖地」であり「被爆地」でもある長崎にあって、人間の新しいあり方を求めて、新しい生（"Vita Nuova"「新生」）への宗教的な「奨励」として語られたものであった。

こうして、「世界」、「未来」、「青年」、「新生」という4つの契機が結び合わされたとき、ここに「戦争責任」に取って代わる「平和責任」という新しい概念にたどりついたのであった。

（2）平和責任の定義

2000年に長崎で「平和責任」の概念を提起して以来、わたしはさまざまな機会を捉えて問題提起をつづけ、大小の論稿を書いてきた。「平和責任」についてわたしがどのように考えてきたか、この間の提起と定義のあらましを箇条書きに書きとどめたもの（A4版2ページ）が手元にある。「提起」の詳細は割愛して、「定義」の部分を以下に掲げる。

　平和責任の定義
　① 責任とは、人と市民が、自らの自由な意思決定にもとづく行為と不作為の諸

帰結を自分自身のうえに引き受けることである。人は自らの自由な意思決定を他人の所為に帰すことはできないからである。[2)]

　[2]　人と市民（及びその結合体である人民ないし国民）は、平和を維持し、平和のために働く責任を負う。この平和責任は戦争責任に先立つ。したがって、平和責任は戦争責任よりいっそう根源的な責任であり、戦後60年余を経た今日、戦争責任のヨリ高められた形式といえる。

　[3]　人と市民が平和責任を負うとは、

〔1〕そもそも人類史の「はじめに戦争はなかった」("Im Anfang war nicht der Krieg.")[3)] こと、言いかえれば、戦争は人類史の発展の一定の段階で「人類が発明したもの」("Warfare is only an invention—not a biological necessity." M. Mead, 1940.) であって、人類の本能によって惹き起こされるものでないこと（cf. The Seville Statement on Violence. 1986.）を想起し、

〔2〕世界歴史における第一次、第二次世界大戦の経験、とくに南京大屠殺、アウシュヴィッツ強制収容所、そして広島・長崎の原爆投下などの「凶行」（atrocities）を想起して戦慄し、それによって新たに自覚された〈人間の尊厳〉（human dignity, die Menschenwürde）を心に刻み、

〔3〕「マグナカルタ」（1215年）以来の世界憲政史の発展、とくに「アメリカ独立宣言」（1776年）、フランス人権宣言（「人および市民の権利宣言」1789年）、リンカーン「ゲティスバーグ演説」（1863年）、ケロッグ・ブリアン協定（いわゆる「戦争放棄条約」パリ、1928年）、F.D.ローズヴェルト「四つの自由」（1941年）、「日本国憲法」（1946年）、「ドイツ共和国基本法」（1949年）などの重要な宣言、条約、憲法を心に留め、

〔4〕「国連憲章」（1945年）、「世界人権宣言」（1948年）、国連人間環境会議「ストックホルム宣言」（1972年）、「子どもの権利条約」（1989年）、「環境と開発に関するリオ宣言」（1992年）、「ハーグ平和アピール」（1999年）、「国連ミレニアム宣言」（2000年）、「国連ミレニアム開発目標」（MDGs, 2001）、「人間の安全保障のいま」（Human Security-Now, 2003）など、現代世界における国際社会の重要かつ緊急の宣言と行動目標に留意し、

〔5〕一方で、古典古代いらいの長い伝統をもつ哲学史のなかから、カント「人間性の尊厳」die Würde der Menschheit、シュヴァイツァー「生命への畏敬」Ehrfurcht vor dem Leben、あるいはヤスパース「罪の問題」*Die Schuldfrage*, 1945/1946 などの思索と思想に深く学び、

〔6〕他方で、新しい学問・平和学の提起する「消極的平和」negative peace、「積極的平和」positive peace、「文化的暴力」cultural violence などの新しい概念を顧慮しつつ、

〔7〕地球上のすべての人民の「神聖な権利」としての〈平和への権利〉the sacred right of peoples to peace（UNGA, Res. 39/11, 1984）に立脚して、

〔8〕そして、ここで主権を有する人民は、集合的には「人民」Peuple と呼ばれるが、個別的には主権にあずかる「市民」citoyens とよばれること（J. J. ルソー『社会契約論』〔第1編第6章〕J. J. Rousseau, *Du Contrat Social*, 1762.）等をあらためて想起しつつ、

〔9〕国内的ならびに国際的に、あらゆる意味において《平和の質》(the quality of peace) を向上させ改善するつとめ（責務）を負うことである。

〔10〕したがって、「個人として、あるいは人々と協同して、いかなる意味においてであれ《平和の質》を良くしようと努力する人びとは、誰でも平和のために実際的な仕事をしているのである。」

2 核時代の暴力性（その1）

2011年3月11日に発生した東日本大震災は、貞観地震（869年）いらいの大地震と巨大津波、そして原発の過酷事故という3つの災害が同時に発生した未曾有の複合災害となった。そのあまりにも広範囲で深刻な複合災害に苦しむ被災者にたいして、世界中から哀悼と同情、物心両面の支援が届けられた。

フクシマの原発災害については（以下、原子炉3基が連鎖的にメルトダウンをひき起こして世界史的事件となった福島をフクシマと片仮名表記する）、その深刻さが知れ渡るにつれて、被爆国である日本がなぜここまで原子力発電を受け入れてきたのか？　原爆の被害者であるヒバクシャは原子力の平和利用をどう考えてきたのか、が問われるにいたった。

これらはいずれも歴史的、社会的に解明すべき重要な問いではあるが、紙幅の限られた本章では、「核時代の平和責任」とは何かを問うために、以下、核時代の暴力性を、3・11後の最大の関心事である原子力発電（原発）の問題に留意しつつ述べることにする。

（1）ガルトゥングによる暴力の定義と再定義

現代平和学の「グル」（guru, 導師）と呼ばれるヨハン・ガルトゥングの平和学のいちじるしい特徴は "peace / violence" の公式にある。つまり、かれが平

和を定義するさい、その対極にあるものを従来のように戦争とせず、暴力としたところにある。

1969年、ガルトゥングは暴力をつぎのように定義した。「暴力とは、人びとが身体的・精神的に実際に成就することがらがその潜在的に可能な水準を下まわるように影響されるとき、そこに暴力が存在する[6]」と。

ガルトゥングが暴力と平和の3つの画期的概念をまとまって提起した主著『平和的手段による平和[7]』には、暴力についてさらに新しい見方が示されている。すなわち「人間の基本的ニーズ（欲求）」(basic human needs) とかかわらせて暴力を再定義、再確認したのである。

ガルトゥングは、東西関係から南北の関係にいたるまで世界をひろく見渡して、暴力を「人間の基本的欲求（ニーズ）に対する毀損」(insults to the basic human needs) と定義して、具体的につぎの4つの現実的欲求（ニーズ）をあげている。

第1に、生存欲求 (Survival needs)：その否定は死、死に至らしめること

第2に、幸福欲求 (Well-being needs)：その否定は悲惨 (misery)、疾病に陥れること

第3に、アイデンティティ欲求 (Identity needs)：その否定は疎外

第4に、自由欲求 (Freedom needs)：その否定は抑圧

ガルトゥングは、これら人間が生きるうえでの基本的なニーズ、欲求を毀損するのが暴力だ、と言い、それを一言で "insults to life" と呼んだ[8]。わたしはこれをシュヴァイツァーの「生命への畏敬」と対比させて、「生命への毀損」あるいは「生命への侮辱」と訳してみたい。

（2）核時代の暴力性——とくに原子力発電、原発を念頭において

ここで「人間の基本的欲求の毀損」としての暴力とのかかわりで、核時代の暴力性を、いま焦眉の問題となっている「原子力の平和利用」の問題をふくめて検討したい。

核兵器と商業用原子炉、とくに原子力発電（原発）からなる核時代が人びとの「生存欲求」および「幸福欲求」をいかに毀損するか？

アメリカ合衆国の、E. J. スターングラス（放射線物理学）、J. M. グールド（数理統計学）、J. J. マンガーノ（公衆衛生学）を中心とする「放射線と公衆衛生プロジェクト」（RPHP: Radiation and Public Health Project, 1990-）の総力を結集した『内部の敵——原子炉周辺で生活する住民の支払わねばならぬ高価な犠牲』（*The Enemy Within*, 1996）は、核時代の半世紀、核実験と軍事用・民生用原子炉と核燃料の再処理施設がいかに人びとの「生存欲求」と「幸福欲求」を妨げるかについての決定的な研究である。

　アメリカ合衆国には、各州の下に合計3,053の郡（county）がある。そのうち原子炉が50マイル、および100マイル以内にある郡（これを「核施設のある郡」とよぶ）は1,319ある。「核施設のある郡」における白人女性の乳がん死亡率は1985-89年において10万人あたり25.8人、他方、その他の「核施設のない郡」1734においては22.1人であり、その差は3.7人（整数に直せば4人）である。グールドはこれを女性10万人あたりの死亡率は、「核施設のある郡」が「核施設のない郡」よりおよそ4人多いことを示している、と理解する。アメリカ人女性1億人に当てはめてみると、毎年約4,000人が「早過ぎる乳がん死」に追い込まれたことになる。乳がんの発生率と乳がんによる死亡率の比率は10：1の差がある。すると、乳がんの発生件数は「核施設がある」ことによって、毎年約4万件増えていたことになる。[9]

　この文脈で、放射線がいかなるメカニズムによって人体をふくむ生体組織を損傷するかについても述べておきたい。電離放射線（ionizing radiation）による発がんの機序を明らかにした分子生物学の新しい研究、あるいはそれに言及したものに、(1)E. B. ルイス、1957／E. J. スターングラス、1972　(2)M. フェルネクス、2008　(3)ECRR（後出）、2010　(4)澤田昭二／矢ケ崎克馬、2012　らがある。

　まず病理と生体組織の研究をしてきたフェルネクスの研究に言及しておこう。フェルネクスは、低レベルあるいは長期にわたる放射線の影響に関するA. ベアール（A. Béhar, 2003, 2008）の研究にもとづいて、放射線による生体組織の損傷の機序をつぎのように説明している。「放射線核種を吸収すると、人体組織内のいくつかの臓器に蓄積する。こうして、ガンマ線に加えて、ベータ線

つまり電子や、アルファ線つまり重い原子の核の破片からなる巨大な粒子が、1mm以下の、ミクロン単位の距離にある細胞を爆撃することになる。こうした粒子の変性毒性や遺伝子変異性や発がん性はガンマ線のそれを凌ぐ。この放射はゲノムを傷つけ、細胞内では核エネルギーが生み出す細胞変異は、被曝して病理的な作用を受けた細胞から、放射を免れた近隣の細胞へと伝播していく。近隣細胞でのこうした遺伝子の変質はまったく目に見えない。それにもかかわらず、それらの細胞は"汚染"されており、のちの細胞分裂のさいに変異を伝えていく可能性がある」。[10]

　ここには、人体内にとりこまれ臓器に蓄積された放射線核種が、ミクロン単位の至近距離にある細胞を爆撃して病理的な作用をひき起こし、それが近隣の細胞に伝播してゆく機序、いわゆる「内部被曝」による目に見えない遺伝子の変質、発がんの機序が冷静かつ科学的に記述されている。

　電離放射線による人体の損傷については、大事なところなので、いまひとつ、ICRP（国際放射線防護委員会）の見解をきびしく批判したECRR（ヨーロッパ放射線リスク委員会）[11]の最新の勧告から重要なパラグラフを指摘しておきたい。

　　　放射線は生きている組織に対して、それを構成する細胞を形づくっている原子や分子を電離すること（ionisation）を通じて、損傷をもたらす。
　　　電離過程（イオン化）とは、組織内の分子を構成している原子を互いに結びつけている化学結合（bonds）を切断するものである。
　　　生物学的に重要な化学結合を切断するのに必要なエネルギーは、DNA（デオキシリボ核酸）やRNA（リボ核酸）のような大きな生物学的分子に対しては6～10 eV〔電子ボルト〕の間である。したがって、セシウムCs-137同位体の1回の崩壊でもたらされる約650 keV〔キロ電子ボルト〕の放射線エネルギーは、原理的には、そのような分子内において約65,000ヵ所の化学結合を切断するのに十分なのである。[12]

　放射線原子核が毎秒1個の割合で崩壊するときの放射能を1ベクレルというが、原理上とはいえ、放射線原子核のたった1回の崩壊で約6万5,000ヵ所もの化学結合が切断されうるとは！　上記フェルネクスの記述と相まって、放射線被曝の測り知れない危険性が分子生物学的に解明されているのである。

3 核時代の暴力性（その2）

つぎに、核兵器と核施設、そして原子力発電所（原発）からなる核時代が人びとの「自由欲求」および「アイデンティティ欲求」をいかに毀損するか？

3・11から半年後、東京で開かれた「9・19さようなら原発5万人集会」で、福島から仲間とともにやって来た武藤類子は、明治公園を埋め尽くした6万人の参加者にこう呼びかけた。

> みなさん、福島はとても美しいところです。東に紺碧の太平洋を望む浜通り。桃・梨・りんごと、くだものの宝庫、中通り。猪苗代湖と磐梯山のまわりには、黄金色の稲穂が垂れる会津平野。そのむこうを深い山々がふちどっています。山は青く、水は清らかな私たちのふるさとです。
> 　3・11原発事故を境に、その風景に、目には見えない放射能が降りそそぎ、私たちはヒバクシャとなりました。[13]

自由の基本的ニーズのなかには、居住・移動の自由がある。フクシマの事例に即していえば、美しい福島の地に戻りたい、福島の人として生涯を終えたいという「自由欲求」を、フクシマの原発事故は拒絶するのである。福島ではあれから2年が経つのに、いまだ16万人が自宅に帰れない。

政治学者のダグラス・ラミスは、著書『ラディカル・デモクラシー』のなかで、北海道のアイヌが開いた先住民会議に出席したブラジル、アマゾンの先住民アイルトン・クレナックのことばを記している。

> 私たちが生きる、死ぬ、この世に旅をすることのできる場所はこの世界に他にはないことを政府に示すのが私たちの闘いだった。ほかの場所では私たちは追放者になってしまうからだ。この感情は国境ではなく、聖地への思いだ。山は単なる山ではなく、川は身内なのだ。……どの地点も創造の記憶を残し、続いているという感情を私たちに思い出させ、また与えてくれる。

クレナックのことばをうけて、ダグラス・ラミスは続ける。「これは政治とどういう関係にあるか。人間が共に暮らす生活を選びその生活を打ち立てる活動が政治なのだ……ほんとうに重要な選択、人びとの生活、コミュニティの秩

序、統治の方法といった事柄は関心の外におき、あらゆる類の二次的でくだらない事柄を〈民主的プロセス〉で決めることに専念するような政治は、幻想の政治であって、政治でもなんでもないのである」[14]。

一方、原発事故によって住まいを追われた武藤類子は、「福島県民はいま、怒りと悲しみのなかから静かに立ち上がっています。……そして、原発はもういらないと声をあげています。私たちはいま、静かに怒りを燃やす東北の鬼です」という。アマゾンの先住民クレナックのことばを「福島原発告訴団」団長の武藤類子のことばと結びつけてみれば、武藤が「美しいふるさと」を語るとき、そして、そこから「追放された者」(exile) となったとき、福島への思いのつよさは「聖地への思い」に等しいことがわかる。

さて、上に述べた生存、幸福、自由にかかわる基本的欲求(即ち基本的人権)を抑圧し阻害することをつうじて、いま問題となっている原発と原子力産業は、人びとの「アイデンティティ欲求」の充足とその権利を妨げる。

ここで、「アイデンティティ」(identity) とは、アメリカの精神科医、エリク・H.エリクソンが概念規定したものとして、「ライフサイクル」(life cycle) と並んで、知られている。エリクソンによれば、人びとは青年期特有の「アイデンティティの危機」を乗り越えて、本来の自分自身になるというのである。ひとは、自分が何者なのかに関する「アイデンティティの混乱」に直面しながら、本来あるべき自我を形成してゆく。これが「自我形成」(identity formation) ということである[15]。そして、エリクソンの「ライフサイクル」[16]によれば、人生八段階のすべてにおいて、青年期と同様に、つねに「精神社会学的危機」(psychosocial crises) が存在する。いま問題の焦点となっている原子力事業は、こうした人生のさまざまな段階において、「自我形成」の主体そのもの、そしてその形成の過程と条件を奪う。平和利用といえども、原子力産業は、アイデンティティ形成の主体的条件を毀損し、客観的状況を破壊するのである。

以上によって、「平和のための原子力」("Atoms for Peace")、つまり「原子力の平和利用」としての原子力発電(原発)が「人間の基本的ニーズ(欲求)の毀損」としての暴力の再定義に照らして、そのすべての項目について、まぎれもなく「全き暴力」(sheer violence) であることが明らかになったと言えるであ

ろう。

4　核時代の平和責任──とくに3・11後の平和責任

　東日本大震災は、地震・津波・原発の過酷事故が同時に発生した複合災害として、日本のみならず、全世界を文字どおり震撼させた。とくに、フクシマの原発事故（2011年）は、過去に、スリーマイル島（1979年）およびチェルノブイリ（1986年）の原発事故にさいしても、日本の原発は多重防護の考え方に立って国が厳しい安全審査を行なっているから安全であるという「安全神話」を根底から吹き飛ばしてしまった。先進的と自負してきた日本の工学技術が「絶対にしてはならない過ち」、「絶対に犯してはならない失敗」、あるいは「カタストロフィックな（破滅的な）災害」（日本工学会会長・柘植綾夫）[17]をひき起こしてしまったのである。
　ところで、「長崎にあって哲学する」ことを自らに課してきたわたしは長いあいだ「ふたつの世紀」のことを考えてきた。ひとつは「きりしたんの世紀」、もうひとつは「核の世紀」である。
　前者「きりしたんの世紀（1549-1650年）」（the Christian Century）[18]は、江戸幕府のきりしたん禁教政策と斬首、火あぶり、穴吊りなど苛烈をきわめた弾圧によって終わりを告げた。が、潜伏きりしたんの血脈は絶えず、1865年3月17日、長崎の外国人居留地大浦に建てられたばかりの「フランス寺」（大浦天主堂、正式名称は「日本26殉教者聖堂」L'Eglise des Vingt-six Martyrs Japonais.）で、フランス人宣教師プチジャン神父と浦上の潜伏きりしたんとの劇的な出会いとなって、日本に「きりしたん復活」の出来事をもたらした。
　他方、「核の世紀」（the Nuclear Century）[19]は、1945年夏のヒロシマ・ナガサキへの原爆投下から21世紀のなかば、2045年までの1世紀をさす。しかし、それはたんに100年の期間をさすだけでなく、核時代を1世紀で終らしめる意志をこめたものである。
　では、その意志はどこから来るか？　わたしはこう考える。東日本大震災の衝撃的ニュースと映像が世界を駆けめぐるなかで、国の内外から死者にたいす

る哀悼と被災者にたいする同情、共感、支援の手が差しのべられた。そこにはレベッカ・ソルニットのいう「災害ユートピア」(disaster utopia)[20]が存在したのであった。しかしながら、復旧から復興、再生へむけて問題は山積し錯綜している。放射線のリスク、原発の存続か廃炉かについて、その他、日本社会は鋭く分断されているというのがいつわりのない現実である。

　いま、3・11後の日本の社会に必要なものはなにか？　ソルニットは、災害に出会って「心的外傷後ストレス障害」(PTSD: Post-traumatic Stress Disorder)を負うのでなく、むしろ「心的外傷」(psychic trauma)を受けてそこから「成長する」可能性、PTG（Post-traumatic Growth）[21]を示唆した。フクシマとの関連で言えば、イタリアは国民投票によって脱原発を決め、ドイツのメルケル政権は再び脱原発に舵を切った。海外でもこのように3・11フクシマの原発事故をうけて、従来とはちがった脱原発の新しい選択をする国家と国民も出てきている。いま日本に求められているのは、フクシマの災害と災厄（チェルノブイリ同様、事故から10年後の2021年を経て、25年後の2036年にはその「終わりのない惨劇」が姿を現わしているであろう！）をうけて、1人ひとりが市民として、また国民として成長することである。それを私は《災害後の成長》(PDG: Post Disaster Growth)と呼ぶ。

　3・11フクシマ後の衝撃は、わたしたち日本国民1人ひとりに、核時代というものが原爆を含む「核兵器」と「原発」の両者からなるものであることを心の底から納得させたのではないか。とすれば、3・11後の平和責任とは、核兵器のみならず、原発をもふくめた《核暴力》(nuclear violences)[22]に対する責任である、と言うべきでないか。どの点から検討してみても、ガルトゥングのいう「人間の基本的ニーズ（欲求）に対する毀損」としての暴力に該当する「核の平和利用」にたいして、3・11フクシマ後の原発災害をうけて、当事者である日本国民が「災害後の成長」(PDG)を遂げて、《核暴力》に対する責任を全うすること、これが3・11後の平和責任であると言わねばならない。

　以上によって、わたしは本章の結論をつぎのようにまとめてみたい。"核兵器と原発は究極の暴力である。なぜなら、「発生した電離放射線被曝に対しては、線量の高低に関係なく、効果的な治療法はまったくない」[23]からである。そ

して、人間の基本的欲求／ニーズを満たすことは人間の基本的自由であり、基本的権利を構成する。したがって、核時代の平和責任とは、《核暴力》に対して「人間の基本的権利」(人権)と「人間の尊厳」を守るたたかいである"と。

註

1) Schweitzer, Albert (1963, 1966, 1991) *Die Ehrfurcht vor dem Leben,* Hrsg. von Hans W. Bähr. Verlag C. H. Beck, S. 20.
2) 「責任」の定義にさいしては、座右のホフマイスター編『哲学概念辞典』を参照した。*Wörterbuch der philosophischen Begriffe,* Hrsg. von Johannes Hoffmeister. Verlag von Felix Meiner, 2 Auflage, 1955.
3) 佐原眞 (1993)「初め戦争はなかった」『朝日新聞』1993年8月8日、佐原眞 (2005)『戦争の考古学』岩波書店。
4) シセラ・ボクの『平和のための戦略』(註5) を媒介にすれば、ある地域、国家、国際社会の《平和の質》を測る具体的・現実的な指標として「暴力と欺瞞、背信と機密」の4つを指摘することができる。
5) ここは、シセラ・ボクの著書 (Bok, Sissela (1989) *A Strategy for Peace: Human Values and the Threat of War,* Pantheon, p. 107) から、原文の「暴力と欺瞞、背信と機密のレベルを押し下げる」("to reduce the sway of violence and deceit, betrayal and secrecy") を私流に「《平和の質》を改善する」("to improve the quality of peace") というポジティヴなことばにおきかえたのである。ボク, シセラ (1990)『戦争と平和——カント・クラウゼヴィッツと現代』大沢正道訳、法政大学出版会、115頁参照。
6) ガルトゥング, ヨハン (1969: 1991)『構造的暴力と平和』高柳先男ほか訳、中央大学出版部、5頁 (ただし、訳文は高橋)。なお、戦争と平和の定義については、高橋眞司・舟越耿一編 (2009)『ナガサキから平和学する！』法律文化社、第1章 (高橋執筆) 参照。
7) Galtung, Johan (1996) *Peace by Peaceful Means,* PRIO. Sage Publications.
8) Galtung, ibid., p. 197.
9) グールド, J. M. (2011)『低線量内部被曝の脅威——原子炉周辺の健康被害と疫学的立証の記録』肥田舜太郎、齋藤紀ほか訳、緑風出版。
10) フェルネクス, ミシェルほか (2012)『終わりのない惨劇』竹内雅文訳、緑風出版、172-173頁。
11) ICRPの哲学とそれを厳しく批判したECRRの立場については、高橋眞司 (2012)「核時代の哲学と現実」長崎の証言の会編『証言2012 ヒロシマ・ナガサキの声 第26集』61-88頁、参照。
12) ECRR (2010; 2011)『放射線被ばくによる健康影響とリスク評価—— ECRR 2010年勧告』明石書房、6.2節。

13) 武藤類子（2012）『福島からあなたへ』大月書店。
14) ラミス，C. ダグラス（1998）『ラディカル・デモクラシー』加地永都子訳、岩波書店、146-147頁。
15) Erikson, Erik H. (1956) "The Problem of the Ego Identity," *Journal of American Psychoanalytic Association*, vol. 4, pp. 56-121.
16) Erikson, E. H. (1968) "The Human Life Cycle," in Erikson, E. H. (1987) *A Way of Looking at Things: Selected papers from 1930 to 1980*, Edited by Stephen Schlein. W. W. Norton.
17) 柘植綾夫（2011）「東日本大震災と原発事故に学ぶ」滝澤公子・室伏きみ子編著（2011）『サイエンスカフェにようこそ！——地震・津波・原発事故・放射線』富山房インターナショナル、240、265頁。
18) Boxer, C. R. (1951) *The Christian Century 1549-1650*, University of California Press.
19) "The Nuclear Century" は、日本平和学会理事、ロニー・アレキサンダー（Ronni Alexander）神戸大学教授が、日英二ヵ国語版、平和博物館を創る会／日本原水爆被害者団体協議会編（1997）『核の20世紀——訴える世界のヒバクシャ／ *The Nuclear Century: Voices of the Hibakusha of the World*』平和のアトリエ、の英語訳として選んだ秀逸の用語である。
20) Solnit, Rebecca (2009; 2010) *A Paradise built in Hell*, Viking Penguin; Penguin Books, p. 163、ソルニット、レベッカ（2010）『災害ユートピア——なぜそのとき特別な共同体が立ち上がるのか』高月園子訳、亜紀書房、222頁。
21) 心的外傷を受けてそこから成長する可能性（PTG）に触れた重要な文献に、テデスキらによる次の編著がある。Tedeschi, Richard G. et al. eds. (1998, 2008) *Posttraumatic Growth: Positive Changes in the Aftermath of Crisis*, Psychology Press.
22) 核兵器だけでなく原発をもふくむ概念としての《核暴力》は、3・11後の「原子力の平和利用」を拒否する意識のめざめを反映した新しい用語といえる。そして、その英語訳を "nuclear violences" とつづって、抽象名詞 "violence" をあえて複数形にしたのは、核時代の暴力には「核兵器」と原子力の平和利用である「原発」の、複数の暴力があることを示すため、である。
23) ボードマン，ドネル（1991）『放射線の衝撃——核時代における低線量放射線』肥田舜太郎訳、私家版、10、77、100頁参照。ここにボードマン博士のヨリ精確な表現を引いておく。「放射線の影響に治療方法はない。有効に除去することは出来ないし、組織に固着した同位元素の放射線照射をやめさせることも出来ない。ただ症状を回復させ、生物学的変化を最小限度にすることができるだけである。」（80頁）。

10 安全保障の神話からケアの倫理へ
他者に依存する自己

岡野　八代

1　〈わたしたち〉の戦争観と現在の戦争

　2012年年末に行われた総選挙のさい北朝鮮拉致問題に絡めて、元東京都知事・現衆議院議員の石原慎太郎が次のような発言をしていたことを多くの人は記憶しているに違いない。「憲法9条のおかげで同胞を見殺しにした。あんなものがなければ、日本は『とにかく返してくれないと戦争するぞ、攻めていくぞ』という姿勢で取り戻せた」（2012年12月10日東京都内での街頭演説にて）。
　ここでわたしは、この発言の是非を問いたいのではない。そうではなく、ここで石原が言及している「戦争」という言葉に、かれが託したであろう喚起力と、じっさいにこの発言を聞いたわたしたちにとって、「戦争」がどのようなイメージとして立ち現われてくるのかを問うてみたい。日本社会に生きるわたしたちにとって、もはや戦争は生々しい記憶を想起させるものではない。むしろ戦争は、他国、とりわけ先進国以外の、政治体制や社会状況、そして文化や人びとの暮らし向きも違(ディファレント)う、いやもっといえば、わたしたちには異質(ストレインジ)の、遠い国の出来事であり、さらに、テレビなどの媒体を通じて映像として送られてくるイメージとして想起されるのではないだろうか。そうでなければ、筆者の年代にとっては親世代、若い読者にとっては祖父母たちといった、過去の苦労話として、少しは身近に感じたことがあるかもしれない。
　「戦争」に対するイメージは、人それぞれに違うだろう。たとえば、それは日本国内に限っても、本土にいる人、沖縄にいる人、第二次世界大戦後、大陸から引き揚げてきた者が家族や親戚にいる人、そして旧植民地の出身者といっ

たように、当事者性も、距離感も、どの戦争を具体的に想起するかによっても異なっている。しかしながら、そのイメージは乱暴だが大別すると、2つに分けることができるだろう。それは、「戦争するぞ、攻めていくぞ」という石原の発言からも容易に想像できるはずだ。つまり、「攻める者」と「攻められる者」から見た、2つの戦争観である。

たとえば、国際法において、ようやく戦時の強姦や性被害、生殖能力に加えられる暴力が、人道に対する罪、戦争犯罪の類型として認められるようになったのは、1998年に制定された、国際刑事裁判所のためのローマ規程においてである。他方でわたしたちは、戦争や紛争において、女性たちが攻撃の標的にされてきた長い歴史を知っているし、たとえば、西洋絵画を展示する美術館に行けば、女性を戦利品として強奪する男性兵士の絵を見る機会も多い。例外はあるものの兵士とはならない女性たちは、凌辱、強姦、略奪、殺害される標的として、戦争を体験してきた。しかし、女性に対する戦時性暴力が、戦争犯罪としてではなく、戦争につきものの副次的現象として考えられてきたことが示しているように、戦争を「攻める者」としてイメージするのか、「攻められる者」としてイメージするかは、おそらく「平和」を構想しようとするさいにも大きな影響を与えているに違いない。

そこで、以下では、西洋の政治思想史を簡単にではあるが振り返りながら、長きにわたって哲学者は、「攻める者」として戦争を見、その戦争観から「平和」な社会を構築してきたことを明らかにしてみよう。

2　西洋政治思想における安全保障

(1) 歴史のなかの「戦争」[3]

　大量の人びとが武器をとり、自らの主張の正しさを訴えるため、一定の領土内の支配権を打ち立てるため、あるいは、土地や作物、財産を奪うために、時に相手を殺害するに至る。残念ながら、人類の歴史はそうした殺戮や紛争の歴史であったといっても過言ではない。わたしたちの歴史は、非情で残酷な争いを経て、その反省と教訓のなかから一定のルールや規範、そして「平和」とい

う理念を見いだしてきた歴史といってもよいかもしれない。

　しかしまず、ここで強調しておきたいのは、現在わたしたちが共有している「戦争」という考え方は、ある特定の時代背景のなかから生まれ、同様にそこから、現代のように主権国家が戦争の担い手として登場してきた、という事実である[4]。では、戦争とは国家間の紛争である、といった現在の一般通念はどのようにしてできあがったのか。そして、その時代背景は現在の国家観とどのように結びついているのだろうか。

　まず、下の絵をみてもらいたい。これは、16世紀フランスで1562年から1598年まで、36年間もつづいた内乱における、もっとも凄惨な虐殺が起こったその時を描いた、同時代の芸術家フランソワ・デュボワの有名な「聖バルテルミの大虐殺」である。16世紀から17世紀にかけての西ヨーロッパでは、マルティン・ルターによって着手された宗教改革によって、ほとんどの国で、国内を二分するような争いに明け暮れることになる。西ヨーロッパは、宗教的最高権威を保持する教皇権と世俗的な支配権力を掌握する帝権を中心に形成されてきたが、各地の諸侯を掌握し始める王権の権力伸長に伴い、領土内の権力争いがプロテスタント対カソリックという宗教争いとなって先鋭化したのが、当時の凄惨な宗教「戦争」であったとまとめることができよう[5]。

　1598年まで続くフランスの内乱からは、国家主権の論理を提唱したジャン・ボダン（1529/30-96年）[6]が登場するが、海の向こうイギリスでは、トマス・ホッブズ（1588-1679年）が登場し、現在にも通じる国家安全保障の論理をその主著『リヴァイアサン』（1651年）において描き出した。エリザベス女王の統治下（在位：1558-1603年）に生まれたホッブズもまた、時代

▲フランソワ・デュボワ「聖バルテルミの大虐殺」

の騒乱のなかで、国内の宗教的・政治的抗争を治め、平和を確立する方法を模索した哲学者であった。

　熱烈なカトリック教徒だったメアリー女王（在位：1553-58年）は、当時「流血のメアリー」と呼ばれたほどの恐怖政治をひき、英国国教会設立以降プロテスタント化が進んでいた市民たちから恐れられていた。他方で、1558年以降半世紀近く国家の安定に努め、国教会制度の確固たる基盤を整備したエリザベス女王の時代においてさえ、強大なカソリック王国スペインとの関係で、緊張を抱えていた。ホッブズはスペインの無敵艦隊がイギリス襲来のうわさを聞いた母が、その恐怖に慄き彼を産んだ、といったエピソードを自ら語ったと伝えられている。「母は大きな恐怖をはらんで私と恐怖との双生児を産んだ」と。[7]

（2）恐怖と不信にとらわれた人間像

　「恐怖との双生児」といった自らの言葉が象徴するように、ホッブズはアリストテレスに代表される伝統的な政治思想からの離脱を決定づけた哲学者の一人である。ホッブズ以前の政治思想の主流は、理想としての善き国家体制、ひとがそこにおいて善き生き方を実践できるような政治形態が探求されていた。しかし、エリザベス1世の後継者であるジェームズ1世（在位：1603-25年）の清教徒弾圧と王権神授説への傾倒、チャールズ1世（在位：1625-49年）の議会の停止など、「政治的、社会的、宗教的、そして経済的な変革への要求が集まって、旧秩序を破壊する」ような混沌のなかから、新しい社会を創造する科学としての政治を唱えたのが、ホッブズであった。[8]

　ここで、新しい社会を創造しようとしたホッブズがなぜ、その主著を『リヴァイアサン』と名づけたのか、有名な初版の挿絵から考えてみよう。リヴァイアサンとは、そもそも旧約聖書に描かれる水棲の怪獣である。ホッブズは国家とはこの怪獣に他ならないと考えるのだが、挿絵ではその国

▲『リヴァイアサン』初版の挿絵

144

家たるリヴァイアサンは右手に剣、左手に正邪の基準を象徴する杖をもち、王冠をかぶり、その上には旧約のヨブ記から「地上にはかれとならぶものはなし」という言葉が引用されている。そしてよく目を凝らすと、怪獣リヴァイアサンの胴体の鱗の一つひとつが人間からできているのだ。このなんとも恐ろしげな怪獣によって、当時「激しい政治革命と宗教闘争を経験しており、その激しさは全世界を無に帰させるほどのものであった」英国の再生を、ホッブズはいかに企図したのだろうか。[9]

まず、ホッブズの人間観がもっともよく表れている、有名な一節を読んでみよう。かれは、競争心、不信感、そして誇りが人間の三大特徴だとしたうえで、次のように続ける。

> これによってあきらかなのは、人びとが、かれらすべてを威圧しておく共通の権力なしに、生活しているときには、かれらは戦争とよばれる状態にあり、そういう戦争は、各人の各人に対する戦争である、ということである。すなわち、戦争は、たんに戦闘あるいは闘争行為にあるのではなく、戦闘によって争おうという意志が十分に知られている一連の時間にある。[10]

かれによれば、人間は、競争心からひとを支配したいがために、暴力に訴え、また、そうした人間に囲まれている恐怖心から、安全を確保するために、暴力に訴え、さらには、自らの評判を落とすような言葉や嘲笑を避けるために、暴力に訴えるのだ。そして、実際の戦闘行為が行われなくても、そうした状況に取り囲まれているとの不安に襲われているのであれば、すでに戦争状態であるという。もし、誰もがその絶対的な力を認め、決して抗うことのできないような圧倒的な暴力装置を背景にしたリヴァイアサンが確立されないのであれば、わたしたちが戦争状態に陥るのは、必然だという。

ここで、ホッブズの人間に対する洞察力を疑うこともできよう。古今東西を問わず、人間の本性については、性善説と性悪説のいずれであるのかについて長らく論争が繰り広げられてきた。しかし、ホッブズは性善説を選ぶ人びとに対して、〈じゃあ、旅をする際、武装したりしないのか〉、〈警察がいたとしても、眠る時には、家に鍵をかけるだろう〉〈家のなかでも、金庫に鍵をかけて

はいないか〉と問いかける。[11] ホッブズのこの問いが鋭いのは、わたしたち自身の性格を問うているのではなく、〈あなたは他者を信じ切れますか〉と問うている点である。いくら自分自身の善良さに自信があるひとでも、自分以外の人すべてについて、心からその善良さを信頼できるひとは、ほとんどいないだろう。ホッブズの人間観を貫くのは、自己保存の本能と他者に対する不信感、そして恐怖心なのだ。

（3）平和を樹立する怪物「リヴァイアサン」

　このように、つねに死の恐怖に怯えていないといけない世界はあまりにも惨めだ。「人間の生活は、孤独でまずしく、つらく残忍でみじかい」[12]。しかしホッブズの創造性は、こうした人間の本性自体を非難するのではなく、まさにこのあまりに人間的な情念から、平和を構築する装置、リヴァイアサンを構想した点にある。怪獣リヴァイアサンは、まさに人間の本性が生み出した至高の創造物である。

　キリスト教的な世界に住む人びとは、その教え〈自分の欲することを、他人にも為せ〉といった箴言に従っても生きていたであろう。しかし、繰り返すが、他者に対する恐怖心に囚われた人間は、他者もそのような教えに従っているなどと信じ切ることができない。実際に、同じキリスト教者でありながら、当時のヨーロッパでは多くの血が流されたのだ。いくら互いに約束を交わしたとしても、それが「剣をともなわなければ、語にすぎないし、人の安全を保障する強さをまったくもたない」[13] のだ。そこで、互いの不信感のなかからも、自らの平和を求めて、ひとは、ある絶対的な権力の下に集結し、誰も、どんな集団であっても抵抗できないほどの巨大な力をもった国家を建設する。国家の存在理由は戦争を避けること、安全保障 security にあるのだ。

　ホッブズは、国家を創設しようとする人びとの最初の約束を注意深く定義する。それは、単なる同意や和合以上のものであり、リヴァイアサンの絵にあった、あの一つひとつの鱗となってその一部となる、諸個人のすべての力を預けるような行為である。つまり、絶対的な力をもったリヴァイアサンを前に、個人は無力であり、だからこそ、リヴァイアサンは圧倒的な力を保持し、かれに

従う臣民となった人びとを威嚇しながら、平和を維持する。こうして、ホッブズによれば、主権国家とはあたかも一個の人格のように統合されており、人びとの平和と共同防衛のためには、いかなる手段にも訴えることが可能である。戦争状態から抜け出すために主権国家を設立した者たちは、国家がいかなる（暴力的）手段に訴えようと、自らの意志の発露であるかのように従うほか生きる道はない。

3 　安全保障神話

（1）安全保障神話と暴力

　ホッブズを中心に簡単に振り返ってきたように、近代国家は、西欧における中世的な世界、つまり宗教的主体（精神的力）と世俗的主体（物理的力）が併存し、前者が優位を保ちながら人間関係が組織化されていた世界が引き起こした宗教戦争を克服するための、もっとも有効な手段として成立した。近代国家は、一定の領土内における人びとを圧倒的な政治的権力によって支配し、それへの服従を求めることによって、領土内の平和を確立することを至上目的としている。そして、安全保障を効率的に遂行するために保持される政治的・物理的権力が、主権と呼ばれるようになる。それは、一方では、平和の確立に大きく貢献した。なぜなら、国内においては、圧倒的な暴力装置を背景にした力の恐怖の下に、いかなる対立もが調停され、最終的解決が図られる。また、国内における主権を互いに尊重しあうことを原則として、諸国家はすべて平等な権力をもつことを前提とする対外的なルールが、西欧世界に限られていたとはいえ、国際秩序としてできあがったからだ。
　しかし他方で、この近代的な政治理解、世界理解は、皮肉なことに、暴力が支配する世界を招来することにも加担した。つまり、国内の紛争・内戦・宗教「戦争」は地上の神リヴァイアサンたる主権国家によって、その根を断たれることとなったが、その根を断つために圧倒的な暴力装置となった近代国家は、今度は戦争の遂行者として登場してくるのだ。そしてここにおいて、主権国家が主体である武力紛争、という現代のわたしたちの戦争観が生まれる[14]。

ホッブズが唱えたように、たしかに、国家だけが合法的に圧倒的な暴力装置を備え、その領土に生きる諸個人を威嚇しているかぎり、すなわち、〈国家の法を破るとどうなるか、わかっているのか〉と、その存在を誇示しているかぎり、わたしたちの安全は保障されている、ように見える。そして、そうした地上の神のような主権国家が確固として君臨している限り、戦争はここではない、どこか遠くの破綻国家の出来事のように感じることができる。あるいは、冒頭の石原の言うように、〈わたしたち〉国民の安全を守るために、国家がしかける、相手国への攻撃と想定してしまうかもしれない。しかし、いかに現在のわたしたちの生活が安全だと思いなすことができたとしても、国家が剣や銃を常時構えている現実に違いはない。ここに、安全保障こそが平和を獲得する唯一の手段であり、暴力こそが平和への道である、といったいびつな安全保障神話が生まれる。そのことを、安全保障 security という言葉の語源からもう少し考えてみよう。
　英語の安全 security という言葉は、securitas というラテン語に由来している。この語を作っている cura は、英語の cure や care に相当し、「世話」「気遣い」とか「心配」「不安」の意味である。そして、接頭語の se は、「……のない」という否定語だ。したがって、安全な状態とは、心配や不安がない状態を意味している。これは、ホッブズが死の恐怖から自由になることこそを、安全と考えたこととも一致している。
　さらに、ホッブズに戻れば、不安がない状態を保障するのに肝心なことは、予め不安材料を除去しておくことである。国家が大怪獣と表現されるのは、その恐ろしいほどの威力が目に見えて存在しなければならないからだ。人間が国家の力を恐れるようにならなければならない。国家のもつ懲罰権力には抵抗することもできないし、そこから逃げることもできない。この権力に対する怯えから皆が約束を守るだろうと信じられることが、安全には必要なのだ。したがって、武力を行使しても法律に触れないのは国家だけであり、国民は武力の行使権だけでなく、武装する権利さえ放棄しなければならない。さらには、安全を保障するための国家の活動は、国民の総意であるとする国家観が誕生する。

（2）安全保障の矛盾

　しかし、ホッブズの議論からもう少し想像力を働かせてみると、わたしたちは安心してよいどころか、暴力の脅しの下で生きることを強制されているようにも感じてこないだろうか。じっさいに、安全保障という考え方には、いくつかの矛盾が孕まれている。たとえば、①暴力を阻止するためには、より強大な暴力が必要となり、結局は暴力につぐ暴力といった暴力の連鎖をつくりだす。②暴力はあくまで平和を維持する、あるいは平和を構築するための「手段」であったとしても、これもまた競争心を人間の本性としてみていたホッブズが的確に指摘しているように、現在手にしている手段は、相手の手段より少しでも劣っていれば、意味がないのだ。したがって、あくなき手段の増大競争、終わりなき競争それ自体が目的となる、といった手段と目的の逆転が生じる。これが、軍拡競争だ。さらに、深刻なのは、③兵士以外の戦争被害者への補償が考えられない、という点だ。なぜならば、安全保障の核心は、そもそもの不安の種を根こそぎにしておくことであり、国内の戦争はそもそも生じてはならないものと想定されている。したがって、戦争による被害が考慮されるとしたら、それは、戦闘に行く兵士が被る危害であって、国内において攻撃された一般市民は補償の対象とはならない。④つまり、暴力によって安全を保障しようとする結果、まさに care のない、とりわけ、戦争によって傷ついた、自ら身を守る手段をもたない者たちにとっては、非常に無責任な態度を育ててしまうことにもなりかねない。安全保障さえしっかりしていれば、あとはしったことではない、"I don't care" と。

　カナダのフェミニスト国際関係学者のフィオナ・ロビンソンは、オックスフォード英語辞典の定義を参照しながら、安全 secure という言葉のもつ、「失敗したり、負けたりしない、という確かさ、信念」という意味に注意を向ける。すなわち、「個別のアクターによって達成される状態として、表層的に安全保障を理解することによって、社会関係のネットワークが覆い隠されてしまうだろう。つまり、そのネットワークは、継続的に支援し、人びとのニーズを注視しているにもかかわらず」。つまり、わたしたちが安心だと感じられるのは、巨大な軍事力に守られていることではなく、むしろ、他者に見守られ、そ

ばでわたしたちのニーズを充たそうとしてくれる、そして傷ついた体や心をケアしてくれる、そうした他者の存在である。にもかかわらず、安全保障概念は、そうした大切な他者の存在の有り難さ、さらには、いったん傷ついてしまった存在への配慮 care に、あまりにも欠けているのだ。

4 他者に依存する存在からの出発

（1）安全保障からケアの倫理へ

　ではまずここで、安全保障体制においては〈なくてよい〉と考えられてしまうケア（＝配慮・気遣い）は、その実践の中でどのような倫理をわたしたちに要請しているのかを考えておこう。ホッブズは、人びとから死の恐怖や他者に対する不安から自由になるために、強大な暴力装置である国家に訴えた。しかし、ロビンソンが指摘しているように、安全保障が、個々のアクターの（暴）力によって確立すると考えることは、わたしたちが人びとに囲まれ、他者に応答される、という信頼感のなかで生きていることによって、平和や安心が得られるという事実を見失うことにもつながっているのだ。

　ケアという実践は様々に定義されてきたが、たとえば、サラ・ルディクは、母親業に着目しながら、保護する、慈しむ、育成する、といった実践だと定義する。母子が一体となって以心伝心で子が必要としているニーズを母は〈自然に〉読み取っているかのように思われがちな母親業だが、彼女は、母子は一体なのではなく、むしろ異なるニーズを抱え、異なる時間と身体性を生きる子とのつきあいは、時に悲劇的な暴力をも引き起こしかねない、むしろ葛藤を抱えたものだと考えている。つまり、圧倒的な強者で生殺与奪の力をもつ「母」は、そうだからこそ、「暴力的なコントロールというやり方を否定しながら、他者への暴力に抵抗することを学んでいる」と強調する[18]。つまり、力を持つ者が、無力あるいは、自分より弱い他者に対して、いかに暴力に訴えないようにふるまうのか。これが、ケアの倫理の中心にあり、〈他者を傷つけないこと〉〈危害を避けること〉がその倫理の中心的な価値である。

　しかし、それは、他者と距離をとることで、交わりを避ける、という意味な

のだろうか。ここで、ケアの倫理に着目するフェミニスト思想家たちが、母子関係の着目することによって、母親業を担う人たちの考え方や実践のなかからケアをめぐる行動規範を編み出してきたことを強調しておきたい。つまり、彼女たちの人間理解の端緒には、放っておかれれば、つまり他者のケアがないならば、生存できない存在との関係性が存在しているのだ。したがって、ケアの倫理に対して関心が高まる嚆矢ともなったキャロル・ギリガンもまた、その著書『もう一つの声』のなかで、つぎのように述べるのだ。

> 自分と他者は、たとえ力の違いがあったとしても、同じ価値をもった存在として扱われなければならないのです。……すべての人は、応答されるでしょうし、わたしたちの誰もが含まれていなければなりません。誰ひとりとして、放っておかれたり、放っておかれることで、傷つけられたりしてはならないのです。[19]

（2）安全保障の論理と、ケアの倫理との違い

ここで、安全保障とケアの違いを考えてみよう。ホッブズの思想から抽出される安全保障の特徴とは、予防であり、危険を予め摘み取ろうとする態度であり、さらに言えば、どのような危機が生じるかは予測可能であるという過信である。そして、こうした自信に満ちた力への過信を支えているのは、じつは、ケアの実践が特徴的に表れる母子関係に対する徹底した無視である。

たしかに、いっけんすると、ホッブズが描くような「各人の各人に対する戦争」といった状況は非常に説得的かもしれない。つまり、警察や軍隊がなければ、法律をだれも守らず、殺し合いが始まる、といった恐怖にわたしたちの多くが駆られるだろう。しかし、誰もが他者を支配したい、自分よりも弱い人につけこみたい、自分だけが幸せになりたいといった人間観は、人類の来歴を異なる観点から見れば、誤りであるとも言えるのだ。つまり、わたしたちはまったくの無力で、他者の助けを借りることなく生き延びることができない新生児として生まれ、そして誰かが、自らのニーズを少しわきに置いてでも、わたしたちの生存に関わるようなニーズに応えてくれたはずなのである。そうでなければ、わたしたちは生き延びることさえできなかったはずなのだ。

じっさい、ホッブズの社会契約論では、人間はあたかもキノコのように地上

に突然、独力で生えてきたかのように、いっさい関わりをもたずに成長したかのように捉えられている。しかし、この仮定はあまりにわたしたちの現実から程遠い。つまり、不幸なケースももちろんあるが、わたしたちが現にこうして存在している事実が、弱い者を支配し、つねに自分の幸福を最大化するために行為するというホッブズの人間観があまりに偏っていることを物語っている。

　他方でケアの倫理からわたしたちが学ぶのは、ひとは傷つきやすく、一定期間は必ず、放っておかれると生きていけないほどの弱い存在であったし、いつ他者に頼らなければ生きていけない状態になるかも知れないこと、そしてだからこそ、自分の傷やニーズに他者から応えてもらうことが大切である、ということである。繰り返すが、ケアの実践は、力も能力も背景も異なる他者との関係性——母子関係はまさにそうだ——のなかで行われるので、ケアする・ケアされる者のあいだに、つねに「軋轢」が存在している。そして、力の違いがあるからこそ、強者の立場にあるものは、弱い立場の者を傷つけやすい。したがって、非暴力的な応答をすべきである、といった強い倫理が働くのだ。

　人間の条件としての傷つきやすさに敏感であるということ、そして、人は他者との信頼関係や承認関係にあるからこそ平和なのである、という認識は、物理的であれ、精神的であれ、人が傷つき問題を抱えるという事態が、そうした関係性から排除されている状態である、という気づきへとつながっている。すなわち、安全保障の論理とは異なり、ケアの倫理は、あってはならない危害が生じてしまった場合もまた、いや、その時にこそなおいっそう、人は他者からの応答やケアを必要としているということに、相当な配慮を示すことができるのだ。

（3）他者に依存する存在への注視と平和

　再度冒頭の石原の発言にもどってみよう。わたしたちは、戦争をどこか〈ここではない〉場所にしかけにいくものと考えがちではないだろうか。しかし、日本国内でも多くの被害があり、東アジアでは広範囲にわたり、多くの殺戮が行われ、膨大な被害者がいたし、現在もその傷を抱えて生きざるを得ない人たちがいる。そして、ギリガンの定義するケアの倫理のように、すべての人が呼

第10章　安全保障の神話からケアの倫理へ

応関係のなかに含まれているべきだという規範は、平和な状態とはどのような状態かについてだけでなく、暴力とはなにかについても再考することを迫っている。それは、戦争に傷ついた者たちが現に存在しているにもかかわらず、傍観者でいることもまた、暴力のひとつの形であることを伝えているのだ。

　たとえば、ケアの倫理からすれば、ニーズがあり、それを自分の力で賄えないにもかかわらず、放置された状態は、危害が加えられていることになる。また、誰かのケアを一手に担っているために、自分自身のケアがおろそかになっている状態の人にも、やはり同じように危害が加えられている。あるいは、そもそもケア関係を築けない、誰も自分のニーズに応えてくれない状態、さらに言えば、経済的な自立を求めながら、教育環境その他の社会保障制度を整えることをせず、自立のための基礎的な土台や資源を供給してくれない社会も、暴力的な社会だといえる。そして、もっとも重要なことは、わたしたちは、現在のグローバルな社会において、どんな細いつながりであっても、必ずどこかですべての人とつながっているはずなのに、固定的な家族観や国家観によって、そうしたつながりの事実を隠されてしまっているのだ。

　フェミニストの平和教育研究者の第一人者であるベティ・リアドンは、平和教育に必要な理念のひとつに、「道徳的包摂」をあげている[20]。それは、既存の安全保障が前提とする国境を超えて、あらゆる人の人権が尊重に値すること、そして、ケアされる・応答されるに値する人であることを尊重されることである。わたしたちがあたかも、戦争は〈どこか他の場所〉で行われているものと考えることは、多くのこれまでの被害者たち、現在被害に苦しんでいる人びとを傍観し、まさに今ここで危害に加担することに他ならないのだ。

註
1)　この場合は、戦場において敵と味方が対峙しているような場面というよりも、攻める兵士と攻められる一般市民、といった非対称的な関係を想定している。ただし、第二次世界大戦中、南洋諸島の前線で玉砕を至上命令として闘わされた兵士たちなど、攻める立場とは言い切れない存在があることも確かだが、ここでは、議論のために単純化している。
2)　たとえば、国家を超えたグローバルな倫理を探求する倫理学者、ピーター・シン

153

ガーは、集団虐殺がいかに人類史上古い現象であるかを示すために、『旧約聖書』におけるモーセの言葉を引用している。「さあ、子らのうちの男の子を殺し、男を知ったすべての女を殺せ。男と寝たことのない若い女の子は君たちのために生かしておいてよい」。シンガー，ピーター（2005）『グローバリゼーションの倫理学』山本友三郎・樫則章監訳、昭和堂、135頁。

3) 政治思想史における「戦争」を通史的にコンパクトにまとめた論考として、内藤葉子「戦争」古賀敬太編（2007）『政治概念の歴史的展開』晃洋書房、所収を参考。

4) たとえば、弘文堂『政治学事典』において、国際政治学者の猪口邦子は、次のように「戦争」を定義している。「戦争の主体は基本的には国家であって、戦争の特殊な形態である内戦においてさえも、政権奪取を狙う諸集団が互いに競い合いながら公権力と対峙する以上、国家はやはり戦いの中心軸を成している。……従って戦争の規模は近代国家の形成と発展とともに拡大してきたのであった。近代初頭の「ヨーロッパ大戦」とも称される三十年戦争（1618-48）は、新教・旧教の対立と絡んでヨーロッパ社会を根底から揺さぶり……近代主権国家中心のシステム」を生み出した。本章で扱う「戦争」とはまさに、猪口が指摘するような、17世紀に西ヨーロッパで誕生した、近代主権国家中心システムのなかで生じてくる「戦争」である。猪口孝ほか編（2000）『政治学辞典』弘文堂、655頁。

5) 16世紀から17世紀にかけて、西ヨーロッパから主権国家が台頭してくる複雑な背景を分かりやすくまとめたものとして、高澤紀恵（1997）『主権国家体制の成立』（世界史リブレット）山川出版社の一読を勧めたい。

6) ボダンは、まさにこうしたフランス国内宗教戦争の暗黒時代に、「統治の実践をめぐる非常に数多くの伝統的制約との折り合いをつけながらも、王室の至高の権力の絶対主義的理論を展開した」。Franklin, Julian H. (1992) "Introduction" to Bodin, *On Sovereignty*, ed. and trans. by J. H. Franklin, Cambridge: Cambridge University Press., p. x. ボダンによれば、「主権は、国家の絶対的で永続的な権力であって、ラテン人がマジェスタと呼ぶもの」である。*On Sovereignty*, p. 1. ここで重要なのは、16世紀にはまだ、ボダンが定義しようとした、絶対的で至高の統一された唯一の権力が国家内に存在していなかった、ということである。

7) 永井道雄（1979）「恐怖・不信・平和への道──政治科学の先駆者」永井道雄責任編集『世界の名著 ホッブズ』中央公論社、7頁。

8) ウォーリン，シェルドン（1994）『西欧政治思想史──政治とヴィジョン』尾形典男ほか訳、福村出版、279頁。

9) 前掲、ウォーリン『西欧政治思想史』280-281頁。

10) ホッブズ（1992）『リヴァイアサン 1』水田洋訳、岩波文庫、210頁。強調は原文。

11) 前掲、ホッブズ『リヴァイアサン 1』212頁。

12) 前掲、ホッブズ『リヴァイアサン 1』211頁。

13) ホッブズ（1992）『リヴァイアサン 2』水田洋訳、岩波文庫、28頁。

14) ここで再度、註4の猪口邦子の戦争の定義を参照されたい。

15) 前掲、ホッブズ『リヴァイアサン　1』169頁。「かれが現在もっている、よく生きるための力と手段を確保しうるためには、それ以上を獲得しなければならない」。
16) 安全保障概念が抱え込むこうした矛盾については、岡野八代（2012）『フェミニズムの政治学——ケアの倫理をグローバル社会へ』みすず書房、第3部第3章で詳しく論じている。
17) Robinson, Fiona（2011）*The Ethics of Care: A Feminist Approach to Human Security*, Philadelphia: Temple University Press, p.7.
18) Ruddick, Sara（1989）*Maternal Thinking: Toward a Politics of Peace*, Boston: Beacon Press, p. xix. 前掲、岡野『フェミニズムの政治学』38-39頁。
19) Gilligan, Carol（1982）*In a Different Voice: Psychological Theory and Women's Development*, Cambridge: Harvard University Press, p.63（岩男寿美子訳『もうひとつの声——男女の道徳観の違いと女性のアイデンティティ』川島書店、1986年）.
20) リアドン，ベティ・カベスード，アリシア（2005）『戦争をなくすための平和教育』藤田秀雄・浅川和也訳、明石書店、63頁。

11 メディアは平和をつくれるか

岡本　厚

1　メディア（媒体）とは何か、その役割と責任

　私は、1996年4月から2012年3月末まで、16年間、雑誌『世界』の編集長をしていました。1977年、岩波書店に入社して、すぐに『世界』編集部に配属されましたので、この雑誌との付き合いは35年になります。『世界』は、『文藝春秋』や『中央公論』などと同じ総合雑誌といわれる月刊誌で、政治評論を中心に、経済、社会、文化などあらゆる分野をカバーし、論文だけでなく、ルポや対談、写真、小説などあらゆる種類の原稿を載せています。海外にはあまり似たもののない、日本独特の雑誌といわれます。

　『世界』について、ご存知ない方もおられると思いますので、簡単に紹介しますと、創刊は1945年12月です。つまり日本が戦争に負けて、4ヵ月後に世に出たのです。岩波書店の創業者である岩波茂雄が、なぜ日本はこのような戦争をしてしまったのか、なぜ多くの若い人たちが死ななければならなかったのか、自分はもとより戦争に反対であったが、その声を勇気をもって人々に伝えられなかったと反省し、敗戦を「天譴（天のとがめ）」と捉え、二度と戦争をしないために何をすべきか、特に出版社が出来ることは何かを考えたのです。そして、より直接に、また広く読者に考えを伝えるものとして、雑誌の創刊を決意しました（もちろんテレビなどはない時代の話です）。

　初代の編集長は、哲学者の吉野源三郎でした。いま、『君たちはどう生きるか』で改めて注目されていますね。

　戦争は、軍や政府の首脳が指導して行なうものですが、それだけでは総力戦

は戦えません。国民の支持を受け、国民を動員しなければならない。そのため、学校でも戦争の意義について教え込むほか、メディアを通じて国民を教化し、敵愾心を煽ることになります。戦争に反対するどころか、疑問を感じることさえも許さない、そういう報道が行なわれることになります。

ジャーナリストの大先輩（中国新聞）であり、後に広島市長も勤められた平岡敬さんは、次のように言っています。

> 「52年前の夏、「学徒勤労動員」によって、私は化学工場で連日汗を流していた。小・中学校で軍国主義教育を受けた私は、結構"軍国少年"であり、「戦争に勝つため」には、学業を放棄して働くのも当然だと考えていた。……敵がい心をあおり、戦争遂行体制をつくっていく過程で、学校教育と新聞・雑誌・ラジオなどの果たした役割はきわめて大きかった。私の"軍国少年"ぶりも学校教育とマスメディアの影響によってつくられたものであった」[1]

当時の少年たちが軍国主義に染まるのも当然で、つまりそれ以外の情報がどこからも入って来ないのです。このことは、現代に生きる私たちも同じです。そのことを私たちはあまり感じていませんが、私たちは、新聞やテレビなど、メディアを通じてしか、私たち自身がどのような問題を抱えているか、知ることができません。

もうひとつ、メディアによって、共通の課題を認識することで、私たちは「私たち」という意識を持つことができるのです。たとえば、「日本人」や「日本」という民族や国家の意識は、メディアを通じて作られる。小規模で言えば、学級新聞のことを考えればわかるでしょう。政党や宗教なども、それぞれメディアを持っており、それによって「私たち」という意識を持つことができる。

だからこそ、現代社会においては、メディアの自由、言論の自由が重要なのです。メディアが政治に支配されれば、人々は正確にみずからの課題を知ることが出来ないからですし、正しい情報を知らないまま操作されてしまうかもしれないからです。

グーテンベルグの印刷革命が起きるまで、人と人の間のコミュニケーションは、語りであったり、手紙であったり、写本であったりしました。王や貴族や

僧侶など、圧倒的に少数の人々に情報は独占されていたのです。印刷技術の確立と出版業の成立が、「あるまとまった考え」「思想」を、広い範囲の人々にほぼ同時に知らせ、共有することを可能にしました。ルターの宗教革命が、この印刷技術なしにはありえなかったことは有名ですが、フランス革命であれアメリカ革命であれ、近代社会は、印刷技術に支えられたメディアによって成立したと言ってもいいのです。近代はメディアによって作られ、メディアは近代によって作られました。

最古のメディアは、本です。また手紙の束ともいえる雑誌です。やがて新聞が生まれ、ラジオが生まれ、最近はテレビ、そしてインターネットが生まれました。しかし技術は進歩しても、メディアの性格は変わりません。情報や考えを、広い範囲にほぼ同時に伝えること、です。国家や権力、企業などは常に情報を都合のよいように操作しようとします。

2　戦争とメディア

さて、この授業のテーマは「メディアは平和をつくれるか」ですが、この問いに対して、私は楽観的な答えは出せません。むしろ、メディアはこれまで戦争を作り出し、煽ってきたほうが多いといえるからです。

(1) 最初に犠牲にされるもの

日本においても、新聞は戦争とともに部数を拡大していきました。戦争と新聞は、相性がいいのです。もし戦争が始まれば、国民の最大関心事は、当然戦争になります。新聞は特派員を送り、日々の戦場の情勢を報じるほか、論説などを通じて戦争の正当化、自国の正義と相手の不義を扇動的に伝えます。いわば国民の熱狂を作り出したのです。

近代日本初めての対外戦争である日清戦争のとき、毎日新聞(いまの毎日とは別)は「わが国の朝鮮を助けて清国と戦うアジアにおける文明の代表者たる日本の責任だ」(1894年9月14日付け)と述べています。戦争の正当化を政府に替わって引き受けたわけです。

あるいは、日露戦争の直前、それまでの非戦論を転換させた万朝報の黒岩涙香は、「戦争が起これば発行部数が伸びるというどうしようもない現実がある」(『万朝報』1903年10月19日) と述べましたが、ここには戦争とメディアの宿命的な関係が示されています。戦争と新聞の商業的成功に大きな関係があったのです。実際戦争で新聞の発行部数は、倍々に伸びていったといわれます。この勢いに抵抗するのは、並大抵ではなかったでしょう。

　またメディアが国民世論を煽るのですが、次は逆にその国民世論の勢いに押され、メディアの側に国民世論から「取り残される」不安が起きるという皮肉な現象も生まれます。「満州事変」のとき、それまで戦争に批判的だった朝日新聞が戦争支持に転換したのは、そのためだったとも言われます。軍の暴走をメディアが煽り、国民の熱狂を受けて、今度はメディアと軍がのっぴきならないところに追い詰められていく。そういう悪循環が生まれたのです。

　戦争は、いかなる国家であれ、国民の支持・同意を調達し、動員しなければ遂行することは出来ません。戦争は、国民に「死の受容」(あるいは「殺人の許容」) を強いるものです。そこには本来の人間性に反するものが含まれています。肉親の死に驚き悲しむのは、人間の普遍的な感情です。また普通に暮らす人間は、そう簡単に人を殺したりできないものです。その人間性のどこかを壊さなければ、戦争は出来ません。

　そのために、「自国の正義」が強調され、「敵 (相手) の不義」、敵への憎悪が煽られなければならないのです。報道、メディアの役割は、決定的です。

　事実は多面的なものです。どちらかが絶対に正義で、別の側が絶対に不義である、ということはありえません。しかしその多面性を報じれば、戦争などは出来なくなってしまうでしょう。事実は、政府によって歪曲され、単純化され、都合の悪いことは覆い隠されてしまいます。

　だからこそ、「戦争が起これば、最初の犠牲者は真実である」(ハイラム・ジョンソン) といわれるのです。この言葉を引用しながら、1999年4月、コソボ戦争に暗雲がたちこめたとき、イギリスのジャーナリスト、フィリップ・ナイトリーは「戦争にはすべての政府はウソを言う。このことはどんなジャーナリストにも理解された真実である」と述べました。[2]

最初に、私は、私たちはメディアを通じてしか、自分たち自身の課題を知ることができないと言いましたが、戦争になると、政府はウソをつき、メディアも真実を伝えなくなってしまう、ということです。

ぜひ、「柳条湖事件（満州事変）」（1931年）や「盧溝橋事件（日中全面戦争）」（1937年）などを当時の新聞がどう伝えたかを見てみて下さい。そして、そのような情報しか得られなかったとき、自分はどのように判断するかを考えてみてください。

（2）「報道」と「広報」

ここで考えてみたいのは、もしメディアがそのように政府や軍に都合のいい情報しか伝えないのだとしたら、それは果たして「報道」といえるのか、ということです。国や自治体、軍、企業などが、国民、住民、消費者に「知らせたい」情報のみを流す、ということであれば、それは「広報」に過ぎない、ということになります。それとどう違うのか。

あえて、「報道」を、「記者が公共性のある物事（戦争を含む）について自由に取材し、国や企業に「都合の悪い」事実も含め、真実を読者に伝えること」、と定義してみたいと思います。戦争という最大の非常事態の中で、メディアは「報道」を選ぶか、「広報」を選ぶか、という選択を迫られます。長いメディアの歴史は、このせめぎ合いの歴史だったといえるでしょう。もしメディアが「広報」を選び、あるいは意図せずともその地位に追いやられてしまえば、結果的に「政府のウソ」ばかりが伝えられ、その国民は進路を誤り、大きな犠牲を支払わなければならなくなります。

メディアが「公共性」を持つとはそういうことです。言論の自由の保障が、どの憲法においても最大の柱となっているのも、そのためです。記者やジャーナリストが何でも自由に書いていいというような権利ではありません。国民、市民の持つ権利なのです。

ベトナム戦争は、比較的自由な報道が許された戦争だったと言われます。米軍や南ベトナム軍が行なった作戦や、悲惨な戦場も、比較的自由に報じることが出来た。だからこそ、米国内や日本、ヨーロッパで反戦運動が盛んになり、

それで米国は敗れたのだ、とする説が米国内にあります。

　それを「反省」して、湾岸戦争やイラク戦争では、米軍は報道を規制し、いわゆる「エンベッド（従軍記者）方式」を採用しました。報道の自由の建前を守りつつ、出来るだけ「広報」をさせようということでしょう。

　米陸軍省「情報作戦マニュアル」(1996年8月) によれば、「21世紀には、情報が戦争の勝利にとっては通貨のごとく貴重になる」と断言し、メディアに報じられることによって、軍事作戦の戦略的方針や範囲が劇的に変化させられるとしました。まさに「情報支配」が軍事作戦の勝利に直結するという認識を示しているわけです。[3]

　こうした規制の中で、たしかにメディアはイラク戦争において、ベトナム戦争のときのような、戦場の真実を伝えることは出来なかったといえるでしょう。しかし、その中でも、メディアの一部は、「アブグレイブ刑務所の虐待」を暴きました（2004年）。それは、イラク戦争の正当性や米軍の威信を大いに傷つけるものでした。

　常にメディアに対して、「広報」たらしめるような政権の圧力が存在するわけですが、それに果敢に挑戦するメディアもあります。

(3) BBCの報道指針

　イギリス公共放送（BBC）は、自国のかかわる戦争において、どういう立場を取るか、「戦争報道指針」を定めています。フォークランド紛争、コソボ戦争、アフガン戦争、イラク戦争など、イギリスが戦場に兵士を送るとき、BBCはそれぞれに報道指針を決めるのです。

　「軍事紛争では常に放送人の手腕が試される。BBCは国際的放送局として特別な責任を負っている。視聴者は公平な分析や反論を含む広範な意見や視点を求めて事件の意味を理解するためにBBCに頼っている」というのが、その基本的な立場です。

　そして、アフガン戦争やイラク戦争の場合、「イスラムへの偏見や偏狭な世論を煽るようなことをしてはならない」と定めます。

　言葉についても、指針は次のように述べています。「我々が報道する方法は

報道内容の信頼度と同じくらい重要だ」として、たとえば「"わが軍"とは呼ばず、"英国軍"と表現する」、あるいは「"テロ"のような「主観的用語」を使わず、"アタック"（攻撃）と表現する」。

　たしかに、「わが軍」と呼ばれるのと、客観的に「英国軍」と呼ばれるのでは、見ている側の印象はまったく違います。「テロ」と「攻撃」でも、その印象は大いに違うでしょう。英国政府は、このBBCの方針について、「どこの国のメディアだ」と不快感を示しているようですが、それだけ政府の「広報」から遠いところに身を離し、自らを位置付けようとしていることが明らかです。

　戦争という非常時であっても、「どんな情報を秘匿するかは国防省や軍が決定するのではなく、我々自身が決める」としているのは、メディアとしては当然のように思えますが、実際に実行しようとすると相当に困難であろうと想像できます。たとえば、先ほど挙げた「アブグレイブの虐待」ですが、これが暴露されれば、イラク国民の激しい怒りを買い、米兵や協力者たちに危険が及ぶ可能性は高くなるでしょう。暴露を実行するかどうかは、自国の利益に重きをおくか、報道の原則に重きをおくか、という選択になります。この場合、米国のメディアは、報道の原則にしたがって報道を行ないました。そして、報じられたことを、米政府が非難したとは聞きません。

　こういう点において、私は日本の権力やメディアについて、あまりあてに出来ないと思っています。派遣された自衛隊の部隊に、もしも報じられたら危険が及ぶような事実があったとき、日本のメディアはその事実を報じるだろうか。そして日本政府は、そのような報道がなされたとき、その報道を非難しないだろうか、と。私は日本のメディアは、自国の利益に簡単に添うのではないか、と疑っているのです。

　それは2004年に、イラクでNGOメンバーなどが捕まったときの、政府の反応、メディアの反応、世論の反応を見て、感じたところです。

　先ほどのBBCの指針には、こんなことも書かれています。「反戦論者の意見は国家的、国際的な事実として捉えられるべきだ。国民の議論を可能にすることが我々の重大な任務であるからだ」と。こうしたことを日本のメディアはいま、やれるでしょうか。[4]

ここまでの指針が作られ、それに基づいた報道がされれば、戦争とメディアの関係はまったく新しいものになるでしょう。国民を動員し、挙国一致を形成し、戦争を遂行しようとする政府、軍と、メディアの公共性という役割をあくまで重視し、真実を国民に伝えようとする報道の間には、常に緊張と対立が存在します。また存在しなければならないと考えます。

(4) 攻撃されるメディア

しかし、ついにこの関係は来るところまできたのかもしれません。イラク戦争において、米英軍は、カタールに本拠をもつアルジャジーラのイラク支局を攻撃したのです（2003年4月）。従軍取材に応じず、戦場を自由に取材し、米英に都合の悪い事実をも報じていたメディアは、「破壊されるべき標的」とされたのです。米軍のアビザイド少将は、定例会見で「敵性メディア」と表現しました。自らに都合のよくない報道は攻撃する、そこまで両者の関係はきたということです。ジャーナリストは報道の原則に沿おうとすれば、敵として殺されることも覚悟しなければならないということになります。

(5) イラクへの自衛隊派遣時の報道規制

ここで思い出されるのが、自衛隊のイラク派遣と日本の報道の対応です。2004年、自衛隊は発足後初めて、海外の戦場に派遣されました。きわめて違憲の疑いの強い派遣であり、実際その後名古屋高裁で「違憲」の判決が出されていますが、ここでは報道の問題に焦点を当てます。

2004年3月11日、防衛庁長官官房広報課長から出された文書が「イラク人道復興支援活動に係る現地に取材について」です。報道機関に向けて出されたこの文書で、取材者に様々な条件を付しています。そしてイラク現地の制限された区域に立ち入る場合、「取材者自身および現地隊員の生命及び安全の確保並びに現地部隊の円滑な任務遂行」のため、その条件を守ることに同意と誓約を求めているのです。

そこには、たとえば次のようなことがあります。「報道しても支障のない情報」と「安全確保等に影響し得る情報」とが分けて書かれ、その報じてならな

い例として、たとえば「部隊の勢力の減耗状況」「部隊の人的被害の正確な数」「部隊行動基準自体、部隊行動基準の内容及び概要」などが細かく挙げられています。その中には「地元の宗教・社会・文化の観点から特に反感を持たれるおそれのある隊員の日常の行動」、あるいは「部隊及び隊員に係る練度、士気その他の無形の要素であって、実際に発揮しうる能力の低下又は要求水準以下での停滞を惹起しているもの」などまで含まれます。

　それに照らせば、日本の場合、先ほどの「アブグレイブの虐待」は、地元の反感を持たれるおそれのある行動になりかねず、報道できない、ということにならないでしょうか。

　様々な議論の結果、日本の報道陣はこれらに同意し、誓約書を提出してイラクに向かいました。「表現、報道の自由の尊重」を掲げての同意でしたが、疑問なしとはしません。制約と規制、管理を受け入れたわけです。たしかに報道は現場に赴かなければ仕事ができません。しかし、多くのフリーのジャーナリストは、こうした制限なしに現地に赴いていたのです。新聞、テレビなどのメディアも、ある覚悟があれば、こうした制限なしに現地に出かけることも出来たはずです（もちろん「従軍取材」でないため、米英軍からの保護は受けられません）。記者クラブに慣れた主要メディアについて、不信、懸念の念を持つのは以上のような理由からです。

　そしてサマワの陸自のキャンプに入った報道陣は、数ヵ月後、危険であることを理由に、全員が引き揚げてしまいました。ここで、日本の国民は、イラク現地で自衛隊が何をしているのか、メディアを通じて知ることができなくなりました。命を賭けていくべきだ、とまでは言いませんが、果たしてこれでいいのか、ジャーナリズムの精神や公共性はどこにあるのか、問いたいところです。2011年の原発事故で、新聞、テレビの記者が30km圏外に出るよう指示され、地元の人々から批判されましたが、ここには同じ問題が含まれています。

(6)「戦争広告代理店」

　ユーゴの内戦のとき、セルビアがナチのような民族浄化を行なっていると非難され、それがNATOのセルビア空爆につながりました。しかし、この背景

には、実はクロアチアに依頼されたアメリカのPR会社が関わっていたことが分かっています。NHKの高木徹氏が番組に基づいて書いた『ドキュメント戦争広告代理店——情報操作とボスニア紛争』（講談社文庫、2005年）にその実態が生々しく描かれています。ここでは、情報が、広告会社によって歪められ、ある方向に誘導、操作されていたのです。

多くのモスレムが移送され、それは「民族移送事業」と呼ばれている、ある村では殺したモスレムの頭部をボールに見立ててサッカーに興じている、追い出したモスレム人を閉じ込める「強制収容所」があちこちにある……一言もナチとかファシズムなどと書いていませんが、欧米人にはすぐにナチの蛮行を想起させる言葉と話で満ちています。こうして広告会社によって作られ操作された情報によって、人々の怒り、憎しみが煽られ、やがては戦争を容認するようなところまでいくのです。湾岸戦争のときも、イラク兵によってクウェートの病院で乳児が虐殺されたと国連で証言したのは、駐米クウェート大使の娘であったことが後に分かっています。その子は、当時アメリカにいて、クウェートの実情など、何も知らなかった。しかし、その証言で、人々の怒り、憎悪が非常に煽られた。一度事態が動き始めると、もうそれが虚偽と分かっても止めようがなくなってしまうのです。

メディアはまんまと乗せられ、戦争への正当化の片棒を担いだことになりますが、こういう事例を見ていると、あまりに一方的な情報は、とりあえず疑ってみるべきではないかと思ってしまいます。現在だったら、さながらシリア内戦の情報（アサド政権が非道であるという報道）などは、疑ってみるべきではないでしょうか。真実は後で明らかになりますが、それはまさに"後の祭り"で、現状は変えられてしまった後、ということになります。

（7）メディア・ウォール

もうひとつ、考えなければならないのは、メディア・ウォール、つまりメディアが「壁」のようになっていて、真実を人々から隠している、という事象です。これまでは、権力とメディアということを考えてきましたが、「壁」はメディア自身が作り出す問題です。歪められた情報とか操作された情報、とい

うわけではなく、いわば夥しい報道がなされているが、それに囲まれて人々には外が見えず、ひとつの価値観に閉じ込められてしまうという問題です。

メディア・ウォールとは、「視聴者に外の世界を見せないために、歴史を忘却し内輪の世界へ閉じ込めるために、私的なおしゃべりの世界へと消費者を差し向けるべく存在している」といわれます[5]。

原発事故の問題を考えなければならないのに、テレビがAKBのことばかり流していたらどうでしょうか。考えなければならないことを覆い隠してしまっているといえないでしょうか。

初めに、メディアの大きな役割は、私たち自身が抱えている課題とは何かを明らかにすること、と言いましたが、そうすると「メディア・ウォール」は、そのような役割を自ら放棄してしまうことになります。それはメディアの公共性の自己否定につながります。

3　メディアは平和をつくれるか

もとに戻って、では、メディアに平和をつくれるかを考えてみたいと思います。これまでは、メディアがいかに戦争を煽り、人々を動員してきたか、そういう傾向に対してどのような抵抗をしたかを考えてきました。

メディアが平和をつくるためには、戦争につなげる道を逆にすればいいのです。政府が真実を覆い隠し、都合のよいことばかりを一方的に流そうとするのであれば、メディアはそれに対して、真実を追求し、多面的な事実を発掘し、報じるようにしていけばいい。

（1）『世界』がやってきたこと

『世界』というメディアは、戦後、一貫してそれを試みてきました。たとえば、1950年代の初め、講和問題が焦点になると、『世界』を舞台に活躍していた知識人たちは、政府の構想に対して自らの対案（全面講和論）を提起しました。核兵器の時代には、非武装であることこそが現実的な選択肢なのだ、と憲法の平和主義を支持しました。また政府が改憲を進めようとすると、知識人た

第11章　メディアは平和をつくれるか

ちを組織し、護憲の講演会などを各地で開き、大衆運動、労働運動、平和運動の連携を模索しました。日米安保条約の改定にも、批判の根拠を明らかにしました。

『世界』の原点は、冒頭にお話ししたように、戦争への徹底した反省と二度とこのような戦争を引き起こさないために何をすべきか、というところにありました。当時の知識人たちは、多かれ少なかれ同じような体験をしており、家族や友人、知人たちを戦争で喪っていました。彼らのエネルギーの源は、戦争を許した自らへの「悔恨」でした。こうした知識人グループを「悔恨の共同体」と呼ぶこともあります。

日本がかつて侵略したアジア諸国との和解も、大きなテーマのひとつでした。中国との国交回復運動、沖縄の復帰運動、反基地運動、そして南北朝鮮との和解という課題に取り組みました。1970年代には、韓国の軍事政権に対する批判（それを支えている日本への批判を含め）を強め、秘密通信「韓国からの通信」（T・K生）を連載、民主化運動の真相を日本と世界に伝え続けました。日本にはまだ言論の自由も保障されている、それがないアジア諸国を支援するために、日本のジャーナリズムは最大限協力すべきだ、というのが当時の安江良介編集長の考えでした。

そして、その後韓国は激しい闘争の後、民主化を遂げましたが（1987年）、ある知識人は民主化運動当時を振り返り、「韓国からの通信」について、「暗い牢獄の中で一筋の光を見るようだった、誰かが自分たちを見ていてくれるのだ、という思いが本当に自分たちを励ました」と語っています（『世界』は当時韓国では禁書でしたが、秘密に持ち込まれ、コピーされて多くの人に読まれていました）。この民主化運動の延長に、金大中政権の「太陽政策」があります。政治的民主化が、南北和解と平和の政策へと結びついたのです。

小さいメディアである雑誌が、このように大きな力を発揮できたのは、やはりそこに発信される情報、考えに力があった、真実があった、ということだったと思います。

（2）何が真実に迫る報道をつくるか

　日本の報道も、否定的なばかりではありません。3・11以後、それまでの慣行を破り、ジャーナリズムの底力を発揮したと思われる報道がありました。ひとつは、NHKの「放射能汚染地図」です。放射能に汚染された地域に入り、測定し、その場で生きる人々に真実を伝え、その戸惑い、怒り、嘆きを取材し、放映しました。その番組は大反響を呼び、何回も再放送され、続編も多く作られました。もうひとつは朝日新聞の連載「プロメテウスの罠」です。ここでも、それまでのタブーを破り、記者クラブの中では得られない情報を現地で取材し、息長く連載を続けています。

　こうしたメディアの力は、実はメディアの中に自由がなければ発揮できないものです。そして自由な雰囲気と闊達な議論が、真実に迫る報道を生むと思います。上司から、このように報じろと言われているとか、ここはタブーだから触らないようにしよう、といった態度がそのメディアに蔓延していれば、けっして生き生きした紙面、番組は作れない。国家からであれ会社からであれ、抑制を受けているジャーナリズムは、真のジャーナリズムたりえません。

　もちろん、いくら自由なメディアだからと言って、主体は人間ですから誤ることはあります。むしろ誤ることのほうが多いかもしれません。また権力の操作にまんまと乗ってしまうこともある。他のメディアが言っていることだから、とつい考えもせずに乗ってしまうこともある。つまり、メディアは、それをつくる人の価値観、偏見、差別意識などに大きく左右されます。外から見ている以上に、メディアは人くさい、弱いものなのです。

　でも、その弱い人々が集まり、事件や事象を自由に追い、話を聴き、議論を重ねれば、少しずつでも真実に近いところに迫れる。そう思うことがメディアの希望だと思います。

　逆に、読み手や視聴者も、メディアの現実を知り、そういった目でメディアを常に疑い、監視しなければならないと思います。もしかしたら、いま目の前で展開されている紙面や番組には、何かが隠されているかもしれない、情報が歪んでいるかもしれない、違う事実があるかもしれない、と。実際、一方的な悪役にされたセルビアやイラクなどでは、報じられなかった側面がたくさんあ

第11章　メディアは平和をつくれるか

るはずです。

　「9・11」の後、米国からカナダやイギリスなどヨーロッパのメディアに非常に多くのアクセスがあったそうです。あのとき、ツインタワーの崩壊という激しい悲劇に動揺し、メディアは「対テロ戦争」「攻撃された米国」一色でした。愛国主義に反したり疑ったりするものは排除された。だからこそ、違う情報、違う事実、考え方を、米国の市民たちは求めたのだと思います。

　振り返って、たとえば日本の「北朝鮮」報道はどうでしょうか。あまりに一色になってはいないでしょうか。多くの事実が隠されているのではないでしょうか。情報が歪んでいるのではないでしょうか。そうでなければ、なぜ北朝鮮はいまも存続しているのか、理解できないことになります。

　あるいは、「尖閣」報道はどうでしょう。日本のナショナリズムに都合のいい情報だけを受け取っているのではないでしょうか。報じられていないことがあるのではないでしょうか。

　一方的な情報を受け取っていれば、やがては「自らは正義、相手は不義」、という例の戦争の構図にはまってしまうことになります。それは本当に危険なことです。

　メディアが平和をつくるには、こうした戦争の構図から出来る限り身を離し、事実を多面的に報じること、偏見を煽らないこと、思いこみの正義を振りかざさないことではないかと思います。簡単なようでいて、これを現場で実行するのは実に大変なことです。

註
1）　平岡敬（1997）「平和教育と新聞」『時代と記憶』所収。
2）　門奈直樹（2003）「コソボ戦争とマスメディア」『世界』2003年3月号。
3）　金平茂紀（2003）「報道か、プロパガンダか」『世界』2003年7月号。
4）　以上、BBCの報道指針については、門奈直樹（2002）「アフガン戦争とBBCの挑戦」『世界』2002年5月号。
5）　石田英敬（2005）「世界を覆い隠すメディア・ウォール」『世界』2005年4月号。

12 六面体としての憲法9条

脱神話化と再構築

君島　東彦

　戦後日本が9条という憲法規範＝最高法規を持ったことは、戦後日本の平和研究・平和教育・平和運動に決定的な影響を与えたといえよう。9条があるゆえに、平和問題は憲法問題となったし、平和運動が憲法訴訟や護憲運動のかたちをとることが多かった。1776年のヴァージニア権利宣言13条（常備軍の忌避）や1791年フランス憲法第6篇（征服戦争放棄）のように、近代成文憲法は最初から平和条項を持っていたとはいえ、戦後日本ほど憲法と平和が密接に結びついている社会はあまりないと思う。戦後日本において戦争と平和の問題を考えるとき、日本国憲法9条の平和主義はつねに我々の思考枠組み、判断基準であった。しかし、これまで我々は、日本国憲法9条を本当にトータルに、的確に理解してきただろうか。私はこれまでの9条理解は不十分であったと思う。私自身は、憲法9条を6つの視点から見るというアプローチによって、初めて憲法9条の全体像をとらえることができると考えている。すなわち、1) ワシントンから見る9条、2) 大日本帝国から見る9条、3) 日本の民衆から見る9条、4) 沖縄から見る9条、5) 東アジアから見る9条、6) 世界の民衆から見る9条。憲法9条とはこれらの総体、つまり六面体である。以下、憲法9条を6つの視点から見ていきたい。本章は同時に、憲法9条を脱神話化し、再構築する試みである。

1　ワシントンから9条を見る

　9条のひとつの側面は、連合国による枢軸国の武装解除である。アジア太平洋戦争という侵略的な武力行使をした日本の武力を全面的に否定するというこ

とである。その意味では、憲法9条には懲罰的意味が含まれているといえる[2]。1945-46年の時点で、世界平和の課題は枢軸国の非軍事化・民主化であり、これは連合国による枢軸国の占領改革等によって追求された。占領改革の中で、憲法改革は不可避であり、日独伊のいずれにおいても、非軍事化条項＝平和条項——日本の9条、イタリアの11条、西ドイツの26条——を含む新憲法が制定された。

　9条の起源は、連合国軍総司令部による憲法改革の基本方針というべきマッカーサー・ノートの第2項であるが、これがどこから来たかについては研究者の間で見解の相違があり、この問題はまだ決着が着いていない。私自身は三輪隆の仮説が興味深いと思う[3]。東京の連合国軍総司令部で日本の憲法改革が問題となっていた頃、米国のバーンズ国務長官は「日本非武装化・非軍事化条約案」を検討していた。この構想を知ったマッカーサーが日本の非武装化を憲法条項として書き込んだのではないかというのが三輪の仮説である。この仮説によれば、憲法9条はもともと条約の性格を持っているということになる。

　武装解除された日本の安全は、連合国＝国際連合（The United Nations）によって保障される、というのが日本国憲法の考え方であっただろう。しかしながら、連合国の日本占領中に、連合国＝国連の分裂・対立、つまり冷戦が進行し、連合国＝国連の武力同士が対決する事態が生じた。国連による安全保障は期待できなくなった。そのため、日本政府は「外部からの侵略に対しては、将来国際連合が有効にこれを阻止する機能を果たし得るに至るまでは、米国との安全保障体制を基調としてこれに対処する」（国防の基本方針）という方向を選択した。

　米国政府は天皇制を軍国主義と切り離したうえで、日本をパックス・アメリカーナに組み込んだ。そして冷戦ゆえに、日本の非軍事化は放棄され、米軍および西側同盟を補完する日本再軍備が追求された。米国は1950年前後から日本再軍備と9条改正を要求した。1953年11月に来日したニクソン副大統領が「日本を非武装化したことは誤りであった、憲法9条改正が必要である」と演説したのは顕著な例である。

　他方で、枢軸国を占領統治するために駐留した米軍は、枢軸国の占領統治終

了後も——イタリアから一時撤退した時期があるが——基本的にはそのまま駐留を続けた。それゆえ、日本、ドイツ、イタリアには多くの米軍基地が存在し続けている。枢軸国に駐留する米軍は、旧敵国を封じ込め、さらにソ連を封じ込める「二重の封じ込め」の役割を果たしてきたといわれる。駐留米軍の9条適合性は、砂川事件最高裁判決等で支えられてきた。

　1950年代以降、9条改正なしの日本再軍備が進行する。日米安保条約のもとで、米軍と自衛隊の連携が深まるのは、1978年に日米防衛協力の指針（ガイドライン）がつくられてからである。米軍の攻撃力（核兵器を含む）と自衛隊の防衛力（「専守防衛」）がセットになっている。冷戦終結後、1990年代に日米安保は再定義され、自衛隊の役割は拡大深化した。また、国連PKOへの参加というかたちで自衛隊の海外派遣が進められた。2000年代に入って、米国の要求を背景に、テロ対策特別措置法やイラク特別措置法等により、自衛隊はペルシャ湾、イラクに派遣されるにいたっている。現在、アジア太平洋において、米軍を中心に自衛隊、韓国軍、オーストラリア軍等との連携・ネットワーク化が進行している。日本の軍事化の最後の歯止めというべき「集団的自衛権行使は許されない」という9条解釈を変更することが、ワシントンの要望である。

　しかしながら、現在のオバマ政権と安倍政権の関係は微妙であろう。歴史修正主義——大日本帝国とその戦争の正当化——を抱く安倍政権に対して、オバマ政権は警戒の念を持っているはずである。制度化された日米同盟は揺るがないとしても、現在の安倍政権が憲法改正に突き進むことをワシントンが歓迎するかどうか、わからない。日本の安全保障政策に大きな影響を与えているアーミテージ・ナイ報告書（2012年版）は「明文改憲は求めない。解釈改憲がよい」と述べている。

2　大日本帝国から9条を見る

　戦後日本の保守政治家は、大日本帝国の価値観を密かに温存しつつ、パックス・アメリカーナに組み込まれた。昭和天皇もパックス・アメリカーナに組み込まれることで、生き延びた。彼らにとって、9条は「天皇制と彼らの政府」

をまもるための「避雷針」である。彼らにとっては、マッカーサー・ノートの第１項（天皇制の存続）と第２項（戦争および戦力の放棄）は密接に結びついている。1946年２月、日本国憲法の草案、いわゆるマッカーサー草案を提示された幣原内閣が、はじめは抵抗しつつも、最終的にそれを受け入れたのは「皇室のご安泰」のためである。ここで「皇室のご安泰」と言ったとき、２種類のご安泰が問題になるだろう。ひとつは天皇制の存続であり、もうひとつは昭和天皇の戦争責任が追及されないということである。

日本の保守政治家にとっては、1946年２月の時点で、天皇制の護持と９条は結びついていたであろうが、米国政府にとっては事情が違っていたであろう。米国政府はかなり早い段階で戦後の天皇制の存続を判断していたとする解釈がある。政治学者の加藤哲郎によれば、1942年６月の米国陸軍省の文書がすでに「天皇を軍部から切り離し、平和の象徴として利用する」という戦略を提案している。早くもこの時期から戦後日本の象徴天皇制を構想していたグループが米国政府内にいた可能性がある。[7]他方で、1946年２月という時点で考えてみると、憲法９条には、軍国主義と天皇制を切り離すことで、昭和天皇の戦争責任の問題を後景に退かせるという効果があったであろう。古関彰一は「……戦争放棄条項は、天皇を戦犯から除外するための政治的戦略として憲法に盛り込まれた……」と書いている。[8]

また同時に、９条は、敗戦で危機に直面した保守政治家たち自身が生き残る手段でもあった。連合国軍総司令部民政局長のホイットニーは、「マッカーサー将軍は、これが、数多くの人によって反動的と考えられている保守派が権力に留まる最後の手段であると考えています」と述べている。[9]

このようにして戦後日本の保守政治家は９条を受け入れた。彼らは1950年代に憲法９条改正を試みたが、日本の民衆の反対のために失敗した。それ以降、保守政治家は、９条改正には言及せず、法律のレベルで実質的な再軍備、軍備増強を追求する路線――明文改憲ではなく解釈改憲――をとることになった。そのため、戦後日本には、憲法にもとづく法体系と日米安保条約に基づく法体系の「２つの法体系」が並存するという状態が出現した。[10]

憲法９条を改正しないままの再軍備、軍備増強は着々と進行し、いまや日本

173

の軍事力は世界有数のものとなっている[11]。もともと専守防衛を旨とした自衛隊の活動は、イラクやソマリア沖へ派遣されるところまで拡大している。

ここで、国連安全保障理事会常任理事国入りをめざしてきた日本外務省の動きに触れておきたい。日本外務省は、1969年の愛知揆一外務大臣の国連総会演説以来、国連安保理常任理事国入りをめざしてさまざまな動きをしてきた。これに関連して、大島賢三元国連大使の認識は非常に興味深い。大島は次のように書いている。「日本と国連の関係を直視するとき、真の『戦後の総決算』は、まだ完結していないと思う。日本にとっての総決算とは、安保理の構成や旧敵国条項に象徴される60年前の遺物の壁を乗り越えること……と考えたい[12]」。この文章からは、連合国／枢軸国の呪縛から解放され、再び政治大国として復帰したいという日本外務省の意欲が伝わってくる。国連安保理常任理事国入りをめざすということは、特権的な国家をめざすということであり、グローバルな民主主義に逆行する動きである。2005年前後に機運が高まったいわゆる「安保理改革」は、現在はかつてほどの勢いはないが、なお議論は継続している。自衛隊をイラク、ソマリア沖へ派遣するところまできたとはいえ、憲法9条2項のもとでは、日本の軍事大国への復帰は完成しない。日本の保守政治家にとって、9条2項改正は宿願であり続けている。また日本の財界も9条2項改正を望んでいる[13]。

敗戦から69年経った現在でも、大日本帝国の克服は終わっていない。2002年に全面的にリニューアルされた靖国神社の遊就館（近代日本の戦争を展示した博物館）の展示は興味深い。ここでは大日本帝国が生きている。大東亜戦争に関する一連の展示室の最後に、「……占領軍は、……憲法や教育基本法の制定などで、日本の弱体化を図った[14]」と書かれている。日米は同盟関係にあるとはいえ、ここにはワシントンと大日本帝国的日本との緊張関係が示されている。そして歴史修正主義に立脚する現在の安倍政権は大日本帝国的日本を引きずる発言・行動を示して、東アジアの緊張を高めている。

3　日本の民衆から9条を見る

　日本国憲法が制定されたとき、日本の民衆は9条を「無自覚に受容した」といえるかもしれない[15]。しかし、1950年以降、冷戦・日本再軍備が進行する中で、9条を改正しようとする動き、日米安保体制を強化しようとする動きが起きるたびに、日本の民衆はそれを拒否し、抵抗してきた。駐留米軍および自衛隊の存在、あるいは自衛隊の活動が憲法9条に違反すると主張する憲法訴訟が数多く提起された。これらのプラクティスによって、日本の民衆は憲法9条を主体的につかみ取り、内面化していったといえる。戦後日本の憲法研究者は、1791年フランス憲法以来の憲法平和条項の歴史、カント平和論、1920年代米国の「戦争非合法化」論、1928年パリ不戦条約、戦争違法化の潮流、そして近代日本の平和思想・平和運動の歴史の中に憲法9条を位置づけた。そして、9条をめぐる数多くの憲法訴訟を理論的に支えた。彼らはまた、日本国憲法前文の平和的生存権の考え方に注目し、世界に先駆けて「人権としての平和」を打ち出した。

　このような9条と前文の理解は、日本国憲法が制定されたときにすでに自覚されていたわけではなく、戦後日本の民衆、憲法研究者が徐々に獲得したものである。これら60余年にわたる日本の民衆と憲法研究者のプラクティスこそが最も重要である。戦後日本の民衆、憲法研究者によってつかみ取られた憲法9条は、もはや連合国による枢軸国の武装解除の規定あるいは天皇制を護持するための避雷針ではなくて、武力によらずに平和をつくることをめざす規定としてつくり直されている。小熊英二の言葉を借りるならば、「戦後日本において……原著者の意図をこえた読みを施されていったテキストの代表例は、日本国憲法であった。アメリカから与えられた憲法が、アメリカの冷戦戦略に対抗し、日本のナショナリズムを表現するための媒体となっていったのである」[16]。小熊は、「九条ナショナリズム」という言い方をしている。

　本章の冒頭でも触れたように、戦後日本の平和運動・平和研究・平和教育は、9条という憲法規範を持ったことの圧倒的な影響を受けた。9条という憲

法規範は、附随的違憲審査制と相まって、民衆のイニシアティブで日米安保体制（米軍と自衛隊）の問題性を追及する最大の拠り所となった。9条があるゆえに、戦後日本においては、平和問題は憲法問題となったし、平和運動も憲法訴訟や護憲運動のかたちをとることが多かった。しかし、これにはマイナス面もある。戦後日本では、平和問題がもっぱら憲法論（解釈論、改正論、擁護論）になってしまい、日米安保体制にとって代わる平和・安全保障の構想や政策を打ち出して、民衆がそれを実現していくことが不十分であった。また、世界各地の紛争や人道的危機に対する日本の国際平和協力も、自衛隊を派遣するべきか／派遣すべきでないかという議論に傾斜していき、自衛隊を派遣しなければそれだけで平和に近づくかのような誤解が生じた。戦争を克服し、平和をつくる我々の課題にとって、憲法規範はもちろん重要であるが、戦争克服・平和創造のアジェンダは憲法規範を超える広大な領域に及ぶのである[17]。憲法9条は、包括的な平和創造プログラムの一要素であり、多彩な平和政策・平和実践の起点というべきである。

日本国憲法9条はまた、日本における自由とデモクラシーを恢復するための重要なテコであった。自由とデモクラシーを実現、担保するのは民衆であり、もともと理念としては民衆は武器をもって自己および共同体を防衛することが想定されている。しかし、民衆、市民（シビル、シビリアン）が自己の政治権力を信託した政府が、国防、安全保障の名目のもとに、自由とデモクラシーを抑制／停止し、あるときミリタリーがシビルを完全に抑圧する事態が生じる。徹底的な武装解除／非軍事化の規定である日本国憲法9条は、ミリタリーを脱正統化することによって、シビル、自由、デモクラシーを恢復する役割を果たしたといえる[18]。

現在、日本国憲法9条2項の文言（戦力の不保持、交戦権の否認）と自衛隊および日米安保体制との乖離があまりにも大きいので、憲法への不信、シニシズムを克服して、法の支配および憲法の平和主義を「救出」するために、9条を改正するほうがよいという「護憲的改憲論」がある[19]。しかし、そうだろうか。

9条は「挙証責任あるいは説明責任の分配」の規定である[20]。それはどういうことか。9条は、「陸海空軍その他の戦力」と疑われる存在、あるいは「武力

の行使」と疑われる行為がそうでないということの挙証責任あるいは説明責任を政府の側に負わせている。日本政府は自衛隊が憲法9条2項によって禁止されている戦力でないということを説明しなければならないし、自衛隊の行動が武力の行使ではないということを説明しなければならない。自衛隊の存在および活動の法的根拠づけは非常に複雑なものとなり、多くの制約のもとに置かれる。自衛隊の活動を拡大しようとするとき、日本政府はそのたびに国会でそれは憲法9条に違反しないということを説明しなければならない。それに対して、9条が改正されて、軍事が憲法の中に位置づけられるようになると、日本の法体系は根本的に転換するだろう。軍事が正統性、公共性を獲得し、軍の行動を批判する側の証明、説明は非常に困難なものになるだろう。9条の文言と自衛隊の現実との乖離がどんなに大きくなっても、政府に挙証責任・説明責任を負わせる規定としての9条の意義が減じることはない。

4　沖縄から9条を見る

　マッカーサーにとって、憲法9条と沖縄の米軍基地はセットであった。憲法施行1ヵ月後の1947年6月、マッカーサーは「沖縄に米国の空軍を置くことは日本にとって重大な意義があり、明らかに日本の安全に対する保障となろう」と述べている。沖縄の米軍基地の存在ゆえに憲法9条が可能になったという面がある。沖縄は1945年6月から1972年5月まで、米軍の占領下にあり、合衆国憲法も日本国憲法も適用されなかった。

　日本国憲法9条が適用されなかった沖縄には、しかし、非戦論の平和思想の伝統があり、また阿波根昌鴻に代表される非暴力の抵抗運動の豊かな経験があった。

　米軍占領下にある沖縄の人々が、人権が保障される生活をめざしたとき、「平和憲法の下への復帰」がひとつの方向性として浮かび上がってきた。元沖縄県知事の大田昌秀は、憲法が適用されている日本本土よりも、それから除外されていた沖縄の方で平和憲法が生き生きとその活力を発揮していると述べている。沖縄タイムスは「復帰」の日の朝刊に、日本国憲法全文を掲載した。沖

縄の本土「復帰」は、沖縄の非戦論と日本国憲法9条との「合流」といえるであろう。しかし、「復帰」後も、米国は沖縄の米軍基地をフルに使っており、駐留米軍によって沖縄の人々の平和的生存権が脅かされる状態が続いている。沖縄の本土「復帰」によって、日本国憲法と日米安保条約という「2つの法体系」の矛盾・暴力は沖縄の人々に最も重くのしかかっている。

　沖縄の米軍基地はパックス・アメリカーナを支えるグローバルな米軍基地網の一環である[25]。米国は2012年9月30日現在、国外に598の軍事基地を置いている[26]。グローバルに存在する米軍基地網に対応して、米軍基地反対運動もまたグローバルに存在している。ワシントンの立場から沖縄を含む世界の米軍基地をどうすべきかについては、見解の幅がある。一方の極に「米国の要塞化」という主張がある。この考え方によれば、軍事技術の進歩ゆえに、海外基地から撤退して、同盟国を活用したほうがよい、また、海外基地は米国の同盟国にとってさほど拡大抑止の役割を果たしていないという。他方の極には「古典的パックス・アメリカーナ」の考え方がある。冷戦期と同じく現在でも、世界の米軍基地——前方展開——は世界秩序維持にとって重要だとする。これらの両極の中間に、海外基地の限定的削減を主張する見解などがある[27]。

　いま沖縄の置かれている状況は複雑を極めていると思う。現在、中国の海軍力、空軍力の台頭は目覚ましく、中国軍は西太平洋、東シナ海、南シナ海において米軍の覇権に挑戦している。オバマ政権はアジア太平洋重視戦略を打ち出している。この状況下において沖縄の米軍基地は両義的である。一方で、地政学的発想をするならば——中国に対する封じ込め、包囲網形成——、沖縄の米軍基地は中国をにらむ重要な位置にある。他方で、現在の中国のミサイル攻撃能力を考慮するならば、沖縄の米軍基地は中国のミサイル攻撃に対して脆弱であり、米軍はグアムまで後退すべきともいえる[28]。現在、米軍では、この2つの考え方が併存・競合していると思われる。

　このような現在の状況をにらみつつ、沖縄の犠牲のうえに9条が存在してきた事実を見つめたうえで、沖縄の脱軍事化の道筋を探ることは、ヤマトの人間の課題であり、責任である。

5　東アジアから9条を見る

　日本国憲法9条は日本の安全保障の規定ではない。9条は「日本軍国主義の脅威に対する安全保障」の規定であり、大日本帝国の侵略戦争によって被害を受けた東アジアの民衆の安全保障の規定である。

　対アジアの侵略戦争とのかかわりで、日本国憲法9条を最も早い時期に最も深いところでとらえたのは日高六郎である。日高は、1946年3月7日に新聞紙上で発表された「憲法改正草案要綱」を読んだときのことを振り返って、次のように書いている。

> ……私は、アジア全域の戦禍と虐殺を経験した民衆が、どのように日本国憲法を読み、第九条を理解するであろうかを考えた。彼らにとっては、第九条は、日本が再度、残虐な武力行使、独善的な政治行動、人権侵害の差別行為をしないことの国際的な保障でなければならなかったはずである。……第九条に懲罰的意味がふくめられていることは、彼らにとっては当然のことであった。……私たちにとって不可欠ないとなみは、十五年戦争を思い出し、記憶にきざみつけること。歴史として残すこと。反省の感情と人間としての倫理感を結びつけること。そのことができないで、『第九条』の世界的先駆性を語るのは、恥ずかしい……。」

　残念ながら、日高のような9条のとらえ方は、1946年の時点ではむしろ例外であっただろう。幣原喜重郎は、9条の先進性、日本が世界の平和運動の先頭に立つこと、モラル・リーダーシップを発揮すること等々を語っている。しかしながら、9条とは侵略的武力行使の結果としての日本軍の全面的な否定であるということをふまえないで、9条の先進性を語るのは見当違いである。戦後日本の民衆や憲法研究者は9条の先進性を語ってきたが、それにはアジア太平洋戦争の侵略戦争性、戦争犯罪性を凝視して、侵略戦争に対する責任を果たすことがともなっていなければならないだろう。

　日本の安全保障については、憲法9条ではなくて前文第2段落が述べている。「日本国民は……平和を愛する諸国民の公正と信義に信頼して、われらの安全と生存を保持しようと決意した」という部分である。ここから導出される

安全保障構想・政策は、軍事同盟ではなくて諸国家が「共通の安全保障」を追求すること、あるいは安全保障共同体をつくるという方向性である。東アジアにおいても、このような方向性の追求が必要である[32]。その際、過去の克服・和解、信頼醸成、核兵器および通常兵器の軍縮等が課題となるであろう。そして、ヨーロッパの冷戦を終わらせたヘルシンキ・プロセス（CSCEプロセス）が参考になるであろうし、東アジアにおけるさまざまな政府間協議の場——東アジア・サミット、ASEAN地域フォーラム等々——に一定の役割があるであろう。

しかし政府間協議がなかなか進展しない現在の東アジアにおいては、市民社会、NGOの役割が大きい。たとえば、コフィ・アナン前国連事務総長の呼びかけに応えて始まったNGOのプロジェクト「武力紛争予防のためのグローバル・パートナーシップ」（GPPAC: Global Partnership for the Prevention of Armed Conflict）の枠組みのもとで、2004年から、東北アジア——中国、台湾、北朝鮮、韓国、モンゴル、極東ロシア、日本の7つの国・地域——のNGO関係者が集まって、議論を続けてきた。このグループは、2005年2月に、東北アジアにおける武力紛争予防・平和創造の諸課題を「東北アジア地域アクション・アジェンダ（東京アジェンダ）」としてまとめている。「東京アジェンダ」は、東北アジアにおいて平和をつくるための道筋を詳細に述べているが、次のような一節を含んでいる。

> 私たちは、日本国憲法9条が地域的平和を促進するための不可欠な要素の1つであると認識している。日本国憲法9条は、日本の軍事主義を封じ込めることで地域の民衆の安全を確実なものにするための規範であるとされてきた。とくに、紛争解決の手段としての戦争およびそのための戦力の保持を放棄したという9条の原則は、普遍的価値を有するものと認知されるべきであって、東北アジアの平和の基盤として活用されるべきである[33]。

現在、東アジアで台頭しているミリタリズムを批判し、抑制するための重要な道具として、我々は日本国憲法9条を活かすことが求められている。

6　世界の民衆から9条を見る

　いまから15年前、1999年5月にオランダのハーグで開催された平和NGOの会議「ハーグ平和アピール」の最終日に、5日間の討議のハイライトとして「公正な世界秩序のための10の基本原則」が発表された。その第1原則は「各国議会は、日本国憲法9条のような、政府が戦争をすることを禁止する決議を採択すべきである」と述べている。[34] それ以来、世界の平和NGOが国際会議を開いて、宣言や行動計画などを作成するとき、日本国憲法9条に言及することが多くなった。主要なものを挙げると、ミレニアム・フォーラム（2000年5月、ニューヨーク国連本部）の「平和・安全保障・軍縮」部会最終報告書、GPPACの「東北アジア地域・アクション・アジェンダ（東京アジェンダ）」（2005年2月、東京・国連大学）と「グローバル・アクション・アジェンダ」（2005年7月、ニューヨーク国連本部）、世界平和フォーラム（2006年6月、バンクーバー）の「バンクーバー平和アピール2006」等がある。そして、これらの延長線上に、日本の平和NGOが主催した「9条世界会議」（2008年5月）と「戦争を廃絶するための9条世界宣言」がある。[35] いまや日本国憲法9条は、世界の平和運動、平和NGOの共有財産になっているといえよう。
　世界の平和運動と日本国憲法9条の出会いは、実は「再会」である。というのは、憲法9条のひとつの源泉は1928年のパリ不戦条約（ケロッグ・ブリアン条約）であり、パリ不戦条約を成立させた原動力のひとつは1920年代米国の平和運動、「戦争非合法化」運動だからである。[36]
　また、1999年の「ハーグ平和アピール」において、世界の平和NGOと日本国憲法9条が出会ったことは意義深い。これによって、日本国憲法の平和主義とNGO活動が結びついたからである。ここで、日本国憲法の平和主義とNGO活動の結びつきについて私なりの考えを述べておきたいと思うが、これはかなり遠回りの説明を必要とする。
　平和学の認識によれば、平和とは暴力の克服であり、直接的暴力（＝戦争）と構造的暴力（＝社会的不正義）の両方の克服、すなわち消極的平和と積極的平

和の両方を意味する。日本国憲法に即していえば、まず前文第2段落が、「全世界の国民が、ひとしく恐怖と欠乏から免かれ、平和のうちに生存する権利を有する」と述べていることが重要である。この平和的生存権は、ルーズヴェルト大統領の「4つの自由」教書および「大西洋憲章」(ともに1941年)に由来するが、「恐怖と欠乏から免かれ、平和のうちに生存する」という表現の中に、消極的平和と積極的平和の両方の意味が含まれていると解することができる。また、前文第2段落は、世界の「専制、隷従、圧迫、偏狭、恐怖、欠乏」という構造的暴力を克服することに対する我々のコミットメントを述べている。そして、9条は、日本の武力行使の禁止、日本のミリタリーの脱正統化の規定であり、つまり直接的暴力を克服しようとする規定である。さらに、前文第2段落は、「平和を愛する諸国民の公正と信義に信頼して、われらの安全と生存を保持しようと決意した」と述べており、先述したように「共通の安全保障」「安全保障共同体」をめざすことを示唆している。日本国憲法の平和主義はこのようにとらえられるが、これはまさに平和学の認識と共鳴するものといえよう。

　遠回りの説明がさらに続くのであるが、憲法が定めている規範、ルールには2種類ある。第1の類型は、国家権力に対する制限ないし禁止規範である。9条はその典型である。第2の類型は、政策の積極的な方向づけである。平和的生存権を含む前文第2段落は、日本の平和政策を方向づける積極的政策規範としての性格を持っている。

　私は、「禁止規範としての9条」と「積極的政策規範としての前文第2段落」を、それぞれ「しない」平和主義と「する」平和主義と呼んでいる。近現代の憲法にとって、ミリタリーと戦争の民主的コントロールが大きな課題であったから、(正しくない)戦争をしないことは重要である。アジア太平洋戦争という侵略戦争をした日本にとっては、戦争をしないことは何にもまして重要である。また、日本が世界第5位の軍事力[37]を持つにいたり、自衛隊がイラクに派遣されるところまできた現在、「しない」平和主義の重要性を再確認する必要がある。しかし、これは日本国憲法の平和主義の半分である。あと半分は、「する」平和主義である。もし自衛隊を海外に派遣しないのであれば、日本の市民

と政府は何をするのか、それが問われる。これは憲法前文の積極的政策規範の具体化の問題である。専制と隷従、圧迫と偏狭、恐怖と欠乏——世界の構造的暴力——を克服するために、日本の市民と政府は何をするのか。私は日本の市民による多様なNGO活動が日本国憲法の「する」平和主義の一例であると考えている。日本国憲法の平和主義とNGO活動はこのように結びつくのである。

世界の直接的暴力および構造的暴力を克服するためのNGO活動はさまざまなかたちで行なわれているが、憲法9条とのかかわりでいえば、世界の紛争や人道的危機への対処において、シビリアン（文民、市民）がミリタリー（軍隊）に取って代わろうとする潮流・努力があることが注目される。私がかかわっている国際NGO、非暴力平和隊（Nonviolent Peaceforce）は、紛争地の人々の要請にもとづいて、多国籍・非武装の市民のチームを紛争地に派遣して、暴力を抑止しようとするNGO活動である[38]。「平和的手段による平和」（peace by peaceful means）を実践しているNGOの活動と日本国憲法の平和主義はまさに響き合っている。

いまの米国の平和運動の中に、1920年代の「戦争非合法化」運動とパリ不戦条約（ケロッグ・ブリアン条約）を復権させようとする動きがある[39]。そして現在、すべての戦争の廃絶をめざすグローバルな運動を立ち上げようという提案がある。その提案者、デイヴィッド・スワンソンは「日本人は日本国憲法9条を堅持すべきである」と述べている[40]。

私は「日本国憲法9条は世界の民衆とともにある」と痛感している[41]。

註

1） 君島東彦（2012）「平和憲法の再定義——予備的考察」日本平和学会編『平和を再定義する［平和研究39号］』早稲田大学出版部、1-26頁参照。
2） この問題については、「5　東アジアから9条を見る」のところで詳述する。
3） 三輪隆（1998）「日本非武装化条約構想とマッカーサー・ノート第2項」『埼玉大学紀要教育学部（人文・社会科学編）』47巻1号、43-58頁。
4） カルダー, ケント・E.（2008）『米軍再編の政治学——駐留米軍と海外基地のゆくえ』武井揚一訳、日本経済新聞出版社、321頁。
5） 駐留米軍は憲法9条2項に違反すると判断した東京地裁伊達判決を受けて、米国のマッカーサー2世駐日大使が日本の司法に介入した経過について、布川玲子・新原昭

治編著（2013）『砂川事件と田中最高裁長官——米解禁文書が明らかにした日本の司法』日本評論社参照。
6）　Armitage, Richard L. and Nye Jr., Joseph S. (2012) *The U. S.-Japan Alliance: Anchoring Stability in Asia,* Washington DC: Center for Strategic and International Studies, August 2012, p. 15.
7）　加藤哲郎（2005）『象徴天皇制の起源——アメリカの心理戦「日本計画」』平凡社新書。
8）　古関彰一（2002）『「平和国家」日本の再検討』岩波書店、15頁。
9）　小熊英二（2002）『〈民主〉と〈愛国〉——戦後日本のナショナリズムと公共性』新曜社、161頁。
10）　「２つの法体系」について、長谷川正安（1960）「安保闘争と憲法の諸問題」法律時報32巻11号。
11）　ストックホルム国際平和研究所の2013年度軍事支出データベースによれば、2012年度の軍事支出の多い国は、1位・米国、2位・中国、3位・ロシア、4位・英国、5位・日本、6位・フランス、7位・サウジアラビア、8位・インド、9位・ドイツ、10位・イタリアとなっている。
12）　大島賢三（2007）「50年先を睨んだ新しい国連外交の礎を築く」『外交フォーラム』2007年１月号13頁。
13）　日本経済団体連合会「わが国の基本問題を考える」（2005年）は日本国憲法９条２項の改正を求めている。
14）　『遊就館図録』（靖國神社、2003年）82頁。
15）　和田進（1997）『戦後日本の平和意識——暮らしの中の憲法』青木書店、80-81頁参照。
16）　前掲、小熊『〈民主〉と〈愛国〉』23頁。
17）　したがって、日本国憲法の平和主義を擁護するためには、憲法学だけでは不十分であり、平和学、国際政治学、国際関係学等が必要となるであろう。君島東彦編（2009）『平和学を学ぶ人のために』世界思想社、参照。
18）　樋口陽一（1994）「戦争放棄」樋口陽一編『講座・憲法学　第２巻　主権と国際社会』日本評論社、120-121頁。
19）　大沼保昭（2004）「護憲的改憲論」『ジュリスト』1260号、158頁、Martin, Craig (2012) "A Constitutional Case for Amending Article 9," in Bryce Wakefield ed., *A Time for Change ?: Japan's "Peace" Constitution at 65,* Washington DC: Woodrow Wilson International Center for Scholars, pp. 50-75.
20）　君島東彦（2007）「『脱安全保障化』としての日本国憲法」千葉眞・小林正弥編著『平和憲法と公共哲学』晃洋書房、29-30頁参照。木村草太（2013）『憲法の創造力』NHK出版新書、219頁も同旨。
21）　古関彰一（2002）『「平和国家」日本の再検討』岩波書店、47-48頁。
22）　中野好夫・新崎盛暉（1976）『沖縄戦後史』岩波新書、15頁。

23）阿波根昌鴻（1973）『米軍と農民──沖縄県伊江島』岩波新書、阿波根昌鴻（1992）『命こそ宝──沖縄反戦の心』岩波新書、佐々木辰夫（2003）『阿波根昌鴻──その闘いと思想』スペース伽耶、石原昌家・仲地博・ラミス，C. ダグラス編（2005）『オキナワを平和学する！』法律文化社の「第Ⅰ部　脈々と流れる「無戦世界」の思想」等参照。沖縄出身の饒平名智太郎は、1922年に、ガンディーの思想と運動を紹介する著書を出している。鹿子木員信・饒平名智太郎著（1922）『ガンヂと眞理の把持』改造社参照。
24）大田昌秀・新川明・稲嶺惠一・新崎盛暉（2013）『沖縄の自立と日本──「復帰」40年の問いかけ』岩波書店、22頁。
25）林博史（2012）『米軍基地の歴史──世界ネットワークの形成と展開』吉川弘文館参照。
26）598という数字は、Department of Defense, *Base Structure Report 2013* による。
27）米軍基地をどうすべきかに関する議論については、カルダー，ケント・E.（2008）『米軍再編の政治学──駐留米軍と海外基地のゆくえ』武井揚一訳、日本経済新聞出版社、311-331頁参照。ジョンソン，チャルマーズ（2012）『帝国解体──アメリカ最後の選択』雨宮和子訳、岩波書店も参照。
28）沖縄および日本の平和運動は、沖縄の米軍をグアムへ移転せよという主張をするべきではないだろう。グアムではチャモロ先住民の米軍基地反対運動が活発な活動をしている。我々の目標は米軍の移転ではなくて、米軍の縮小である。
29）渡辺治（1987）『日本国憲法「改正」史』日本評論社、89頁は「……非武装はもっぱら日本の侵略に対する連合諸国の安全保障として構想」されたと述べている。
30）日高六郎（2010）『私の憲法体験』筑摩書房、103-105頁。
31）林博史は、戦後日本の平和主義は、個人の戦争責任の問題にきちんと向き合ってこなかった弱点をかかえており、脆弱さがあると指摘している。林博史（2008）『戦後平和主義を問い直す──戦犯裁判、憲法九条、東アジア関係をめぐって』かもがわ出版、63-76頁。
32）不十分ながら、君島東彦（2010）「日米安保体制をどのように克服するか──共同体形成と脱軍事化への道筋」民主主義科学者協会法律部会編『法律時報増刊　安保改定50年──軍事同盟のない世界へ』日本評論社、2010年5月、227-234頁はその試みである。
33）GPPACについて、君島東彦（2008）「グローバルな立憲主義の現段階── NGOのプロジェクト"GPPAC"を契機とする若干の考察」深瀬忠一・上田勝美・稲正樹・水島朝穂編著『平和憲法の確保と新生』北海道大学出版会、322-349頁参照。
34）浦田賢治（2000）「ハーグ市民社会会議の憲法学的課題──『日本国憲法第九条の定めるように』とはどういう意味か」杉原泰雄先生古稀記念論文集刊行会編『二一世紀の立憲主義──現代憲法の歴史と課題』勁草書房、225-248頁、君島東彦（2001）「日本国憲法第九条とハーグ平和アピール」『世界』694号（2001年11月）90-95頁参照。
35）「9条世界会議」日本実行委員会編（2008）『9条世界会議の記録』大月書店、9条

世界会議国際法律家パネル編（2009）『9条は生かせる』日本評論社、参照。
36) 河上暁弘（2006）『日本国憲法第9条成立の思想的淵源の研究——「戦争非合法化」論と日本国憲法の平和主義』専修大学出版局参照。
37) 前掲・註11参照。
38) 君島東彦編著（2008）『非武装のPKO——NGO非暴力平和隊の理念と活動』明石書店参照。NGO非暴力平和隊の活動——「非暴力的介入」「非武装の市民による平和維持」——は、最上敏樹（2001）『人道的介入——正義の武力行使はあるか』岩波新書が述べる「市民的介入」「予防的介入」と同じ性質の活動である。
39) Swanson, David（2011）*When the World Outlawed War,* Charlottesville, Virginia.
40) 2013年8月2日、米国ワシントンDCのジョージタウン大学で開催されたWar Resisters League the 90th Anniversary Conference の際の君島との会話。
41) See Article 9 in Young, Nigel J. ed.（2010）*The Oxford International Encyclopedia of Peace* Volume 1, New York, NY: Oxford University Press, pp. 151-152.

＊ 本稿は、拙稿「多面体としての憲法9条——1つの見取り図」市川正人・徐勝編著『現代における人権と平和の法的探求——法のあり方と担い手論』（日本評論社、2011年）所収にもとづいて、大幅に書き改めたものである。

あとがき

　京都・滋賀・奈良の大学生協による寄付講座は過去において、「食と健康」をテーマに、2004年から5年間継続して取り組んできたことがある。
　寄付講座を始めたころに「大学生協のメセナですか」と聞かれたことがあった。大学生協は、大学の福利厚生事業の充実とその自治的運営を通して勉学研究に貢献し、協同体験を広め、人と地球にやさしい持続可能な社会を実現することをビジョンに掲げている。その趣旨からいって、組合員が利用したお金の一部を使って、学生に学びの場を提供することは決して特別なことではない。
　将来は「食」の他にも「環境問題」や「平和」をテーマに、次代を担う大学生に人類的な共通課題を学び、考えてもらいたいという構想があった。また、「平和」をテーマに講座を開設するなら立命館大学で開設してもらいたいというところまでは話し合っていたが、どの先生にお願いし、相談すれば良いのか迷っていたところ、当時、大学生協京滋・奈良ブロックの教職員委員会の委員長であった山本倫慶氏（現立命館小学校事務長）より、君島東彦先生が適任であると紹介いただいた。早速、名和又介氏（当時同志社大学教授、京滋・奈良ブロック会長）、山本委員長、平和担当のブロック学生事務局とで君島先生を訪問し、インタビューを兼ねて面談の機会を持つことができた。君島先生は「平和学」は学問として世界的にも認められていること、学生が「平和学」を学ぶことをとおして、自分自身を変革し、世界を平和にするプロジェクトへ参加することを願っていると抱負を述べられた。まさに、大学生協の寄付講座の趣旨にマッチした提起であることに確信を得た次第である。
　さて、生協職員としてこの寄付講座の事務局を担当し、毎回の授業に参加するなかで感じたことやエピソードを紹介して、この講座の特徴をご報告したい。
　まずひとつ目に、私自身がそれまで「知っている」と思い込んでいた戦争と平和に関する知識やイメージが、いい意味で裏切られたことであった。この本で紹介されているように、15回の講義は、様々な切り口から戦争と平和の概念

を問いなおしてくれるものであった。この本を手にしてくださった方も同じ思いを持たれているのではないだろうか。

　2つ目は、学生たちの熱心に学ぶ姿に感心したことである。この授業は大学コンソーシアム京都の授業システムによって立命館大学以外の京都の大学生や市民にも開放されており、京都駅前のキャンパスプラザの教室で行われている。受講生は、講義が始まる夕方の6時20分に間に合うようにそれぞれの大学のキャンパスや自宅からこの授業を受けにやってくるのである。大教室の授業でありがちな私語もなく、講義が終わった後も、次々と質問に来る学生への対応で教室の使用時間を超過してしまい、しばしばキャンパスプラザの事務局の方に迷惑をおかけした。

　3つ目は、この授業では毎回、受講生によるグループ討論の時間があるということである。この寄付講座の企画案と予算を承認してもらう京滋・奈良ブロックの理事会の場に、君島先生に出席していただき、平和学やこの授業の特徴について紹介してもらった。学生理事から、講義を聴くだけではなく受講生同士が討論する場を是非つくってほしいという意見が出された。この提案は採用され、講義の後に講師から討論テーマがだされ、近くの席に居る学生同士でグループをつくって話し合いの時間を持つようになった。見知らぬ学生同士が、戦争と平和にかかわるテーマで意見を交わしあうのである。聴講する市民も学生も一緒に、緊張感ある刺激的な時間を持てたことは貴重である。

　4つ目は、授業が終わった後にはゲストの講師を囲んで懇親会を持ったことである。懇親会には毎回、10名前後の受講生たちが参加し、講師とともに講義の感想や意見の交換を通じて、講義の内容を深める場にもなった。また大学生活の様々な話題にも話がはずみ、大学、学部、学年を超えて受講生同士の交流にもなったようである。5つ目は、『平和を考えるBOOKガイド』というパンフレットを作って、受講生や大学生協の書籍部で配布したことである。

　せっかくの大学生協の寄付講座である、受講生をはじめ、大学生には「平和を考える」書籍を購入して（もちろん図書館で借りてもよいが）、読んでもらいたいと考えたのである。君島先生には序文を書いていただき、知り合いになった受講生や大学生協の学生委員にも、平和を考えるための「私の薦める一冊の

あとがき

本」を寄稿してもらった。大学生協事業連合の書籍担当者の協力も得て全部で101冊の書籍を収録した。京阪神地域の大学生協の店舗でブックフェアーを提案したが、企画を採用いただけた大学生協は少なく、すこし残念であった。

　最後になるが、学生たちに、立命館大学への入学理由や、この講座を受講する動機を聞いたところ、「末川博先生（元立命館総長）にあこがれて」、「自宅でも親と平和の問題はよく話し合う」、「中高時代から差別が身近にあり、社会のことを考えたかった」、「岩波の雑誌『世界』は愛読書だった」、など、入学前から社会への関心が高い学生たちが少なからずいることを感じた。この講座の受講生の特徴かもしれないが、戦後、平和と民主主義を教学理念に掲げて出発した立命館大学へのアイデンティティは今の学生の中にも見出すことができた。

　この講座に2年間携わったが、初年度の受講生が、この授業を傍聴するためにたびたびやってきた。この講座が魅力的でいかに学びが多かったかという証左であろう。

　さて、昨年から今年にかけて、集団的自衛権を認める政府の憲法解釈、特定秘密保護法の「成立」、首相の靖国神社参拝、沖縄復興予算を盾に取った普天間基地の辺野古移設、原発の海外輸出や再稼働にむけた動きなど、国内外の世論を斟酌することなく、政府の動きが一気にすすんだ。

　「『強い日本』を取り戻す戦いは、始まったばかり」との首相の年頭所感にその決意が表れている。何年か先の未来から現在をみたとき、あの時がまさに「戦争前夜」だったと言われないようにしなければいけない。このような中で、この講座の趣旨にあるように、平和学を学んだ学生たちが、自らを変革し、平和を創る様々なプロジェクトに参加してくれることを願っている。

　最後になりましたが、本書は大学生協京滋・奈良ブロックおよび立命館生活協同組合より御助成を頂き、出版の機会を得ることができましたことをここに記して、感謝の意を表する次第です。

横山　治生

索　　引

【A-Z】

BBC　161
ECRR（ヨーロッパ放射線リスク委員会）
　　133, 134, 139
EU　105
ICRP（国際放射線防護委員会）　134, 139
jus ad bellum　115
jus in bello　115
NGO　2, 3, 180, 181, 183, 185, 186

【あ 行】

アイデンティティ　132, 135, 136
悪魔の島　110
アフガン戦争　161
アブグレイブ刑務所の虐待　161
アルジャジーラ　163
安全博物館（防災博物館）　36, 37
安全保障　146-153
安全保障共同体　180
イージス艦　24
石原吉郎　4, 55
イラク戦争　161
慰霊碑　22
浮島丸事件　21
内村鑑三　29, 39
エリクソン，エリック H.　136, 140
エンベッド（従軍記者）方式　161
大江山ニッケル鉱山　16
大江山捕虜収容所　18
オーランド諸島　110
沖縄差別　100
沖縄州　102
沖縄問題　98
オスプレイ　102

【か 行】

海軍報道班　50
解釈改憲　172, 173
海上自衛隊　23
海上自衛隊基地　24
改正中国残留邦人支援法　21
開発の目玉（沖縄）　108
賀川豊彦　14, 27
火器　86
核の世紀　137, 140
核兵器廃絶　3
核暴力（nuclear violences）　138-140
香月泰男　4
火薬　86
ガルトゥング，ヨハン　131, 139
川崎・三菱労働争議　34
関東軍　20
関東大震災　36
記者クラブ　164
旧ソ連　55
強制収容所　57
共通の安全保障　180
協同組合　2, 13, 27, 33
京都生協　18
ギリリガン，キャロル　151
きりしたんの世紀　137
近代建築　87
近代兵器　86
グールド，J.M.　133, 139
軍拡競争　149
ケアの倫理　8, 150-153
景観法　88, 96
現実主義　115
原子力発電（所）（原発）　131, 132, 135, 136
建築新体制　88

索　引

「原爆堂」計画　5, 94
「原爆の図」　6
憲法平和条項　175
　　イタリア憲法11条　171
　　ヴァージニア権利宣言13条　170
　　ドイツ基本法26条　171
　　日本国憲法9条　141, 170
　　フランス1791年憲法第6篇　170
言論の自由　157, 160
航空安全法　114, 118-120, 122, 125
攻撃的緊急避難　122
攻城法　85
構造的暴力　2, 9
国際協同組合同盟（ICA）　13
国際協同組合年　12, 27
国際刑事裁判所　142
国際様式　88
国際連合　171
国連脱植民地化特別委員会　101
護憲的改憲論　176, 184
国家安全保障会議　8
国家安全保障戦略　3, 8

【さ　行】

災害後の成長（PDG）　138, 140
災害ユートピア　138, 140
サイコドラマ　79
札幌バンド　29
佐原真　139
3・11（東日本大震災）　36, 128, 131, 137, 138, 140
詩曲部隊　45
自己決定権　107
『死線を越えて』　28, 30, 34, 40
幣原喜重郎　179
シベリア特別措置法　20
シベリア抑留（者）　19-21, 55-57
シュヴァイツァー　128, 130, 132
宗教戦争　147
従軍画家　44
従軍記者　42
従軍作家　43

集団的自衛権　172
主権回復の日　102
主権国家　147, 148
消極的平和　2-4, 182
松竹少女歌劇団　46
情報局　47, 53
縄文的なるもの　94
植民地　1, 6, 86, 89, 112, 141
白井晟一　5, 88, 92
新川スラム　29-33, 36
新体制　47, 51
心的外傷後ストレス障害（PTSD）　72, 138
人道的介入　7, 186
人道に対する罪　142
新ミレニアム　128, 129
スターングラス, E.J.　133
正戦論　7, 114, 116-118
聖地　135, 136
生命への畏敬　128, 132
『世界』（月刊誌）　156, 166
世界法廷運動　3
世代間連鎖　82
積極的平和　2-4, 182
積極的平和主義　3
絶対平和主義　6
説明責任　176, 177
尖閣諸島　104
戦後責任　7
戦時性暴力　142
戦前責任　8, 9
戦争協力　38
戦争広告代理店　165
戦争責任　4, 7, 38, 53, 91, 173
戦争犯罪　142
戦争非合法化　175, 181, 183
戦争報道指針　161
戦地慰問　46
宣伝班　49
全面講和論　166
総力戦体制　4, 41, 47, 51
ソルニット, レベッカ　138, 140

191

【た　行】

第五福竜丸　6
大正デモクラシー　35
大政翼賛会　47
大東亜共栄圏　48
大東亜建築様式　89
大日本海洋美術協会　51
宝塚少女歌劇団　46
脱植民地化運動　106
丹下健三　88, 90
チェルノブイリ　137, 138
築城術　85, 86
中国残留孤児　20, 21
中国残留婦人　21
中国人強制連行　16, 17
駐留米軍　175, 178
朝鮮特需　90
懲罰としての日本国憲法9条　171, 179
徴用画家　51
直接的暴力　2
帝冠（併合）様式　89
伝　単　48
電離放射線　133, 138
東京学生消費組合（東京学消）　14
東洋趣味　88
特定秘密保護法　9
トラウマ　5, 72, 76

【な　行】

内閣情報部　44, 53
内部被爆　134
二次受傷　75
二重結果の原則　118, 126
日琉同祖論　104
日中戦争　42
日本冶金工業　16-18
新渡戸稲造　29, 37, 39
日本趣味　88
日本生活協同組合連合会（日本生協連）　15, 38
日本非武装化・非軍事化条約案　171

日本問題　98
ニュース映画　43
人間の尊厳　119, 128, 130, 139
人間の本性　145, 146, 149

【は　行】

ハーグ平和アピール　181
排外主義　107
破綻国家　148
パックス・アメリカーナ　171, 172, 178
母親業　150, 151
パリ不戦条約（ケロッグ・ブリアン条約）〔1928年〕　175, 181, 183
阪神淡路大震災　37
引き揚げ港　19
ビキニ環礁水爆実験　94
非戦闘員保護の原則　114, 116, 118
避雷針としての日本国憲法9条　173, 175
平岡敬　157
ビルブーム　90
フェルネクス, M.　133, 139
福島原発事故（フクシマ）　1, 6, 8, 164
藤田嗣治　45, 51
付随的被害　118
普選運動　35
2つの法体系　178, 173, 184
武力紛争予防のためのグローバル・パートナーシップ　180
プレイバックシアター　5, 73, 74, 80, 81
文化戦　49
米軍基地　112
平和責任　7, 26, 128, 129, 131, 137
平和的生存権　175, 178, 182
平和の質　131, 139
平和の島　110
平和のための原子力　136
ベトナム戦争　160
ペン部隊　45
防衛的緊急避難　122, 123
報道規制　163
ボードマン, ドネル　140
母子関係　151, 152

索　引

ポストモダン建築　91
ボダン，ジャン　143
ホッブズ，トマス　143

【ま　行】

舞鶴地方隊（海上自衛隊）　24
マイノリティ・ナショナリズム　100
前川國男　88, 90
マッカーサー　38, 171, 173, 177
満州開拓移民　19
満州事変　42, 56, 88, 159
満蒙開拓青少年義勇団　38
武藤類子　135, 136, 140
明治学院大学　28, 29, 39, 40
明文改憲　172, 173
メディア・ウォール　165
メディアの自由　157

【や　行】

『友愛の経済学』　37
要塞　86
様式建築　88
横浜バンド　28

吉野源三郎　156
吉本興業　46
『夜と霧』　58, 62, 68

【ら　行】

ラーゲリ　55, 56, 66
ラミス，ダグラス　135, 140
リアドン，ベティ　153
『リヴァイアサン』　143
陸軍美術協会　52, 54
琉球独立運動　105, 107
琉球併合　99
柳条湖事件　160
ルディク，サラ　150
歴史修正主義　172, 174
連合軍捕虜　16, 17
盧溝橋事件　42, 160
ロッチデール公正先駆者組合　14

【わ　行】

わらわし隊　46, 53
湾岸戦争　161

193

執筆者紹介
(執筆順、＊は編者)

庄司（しょうじ）	興吉（こうきち）	全国大学生活協同組合連合会会長理事、東京大学名誉教授	巻頭言
＊君島（きみじま）	東彦（あきひこ）	立命館大学国際関係学部教授	序章、第12章
＊横山（よこやま）	治生（はるお）	京都府生活協同組合連合会専任理事	第1章
＊名和（なわ）	又介（またすけ）	同志社大学名誉教授	第2章
高岡（たかおか）	裕之（ひろゆき）	関西学院大学文学部教授	第3章
畑谷（はたや）	史代（ふみよ）	信濃毎日新聞社編集局文化部記者	第4章
村本（むらもと）	邦子（くにこ）	立命館大学大学院応用人間科学研究科教授	第5章
布野（ふの）	修司（しゅうじ）	滋賀県立大学副学長・理事	第6章
松島（まつしま）	泰勝（やすかつ）	龍谷大学経済学部教授	第7章
栁澤（やなぎさわ）	有吾（ゆうご）	奈良女子大学文学部教授	第8章
高橋（たかはし）	眞司（しんじ）	長崎大学生涯教育室客員教授	第9章
岡野（おかの）	八代（やよ）	同志社大学大学院グローバル・スタディーズ研究科教授	第10章
岡本（おかもと）	厚（あつし）	岩波書店『世界』前・編集長（現・代表取締役社長）	第11章

Horitsu Bunka Sha

戦争と平和を問いなおす
──平和学のフロンティア

2014年4月5日　初版第1刷発行

編者	君島東彦・名和又介 横山治生
発行者	田靡純子
発行所	株式会社 法律文化社

〒603-8053
京都市北区上賀茂岩ヶ垣内町71
電話 075(791)7131　FAX 075(721)8400
http://www.hou-bun.com/

＊乱丁など不良本がありましたら、ご連絡ください。
　お取り替えいたします。

印刷：共同印刷工業㈱／製本：㈱藤沢製本
装幀：奥野 章
ISBN978-4-589-03593-6
Ⓒ2014 A. Kimijima, M. Nawa, H. Yokoyama
Printed in Japan

JCOPY 〈(社)出版者著作権管理機構 委託出版物〉

本書の無断複写は著作権法上での例外を除き禁じられています。複写される場合は、そのつど事前に、(社)出版者著作権管理機構（電話 03-3513-6969、FAX 03-3513-6979、e-mail: info@jcopy.or.jp）の許諾を得てください。

日本平和学会編
平和を考えるための100冊+α
Ａ５判・298頁・2000円

平和について考えるために読むべき書物を解説した書評集。古典から新刊まで名著や定番の書物を厳選。要点を整理・概観したうえ，考えるきっかけを提示する。平和でない実態を知り，多面的な平和に出会うことができる。

小田博志・関 雄二編
平和の人類学
Ａ５判・230頁・2400円

平和を人類学から捉え直す作業を通じて，平和のつくり方や伝え方におけるオクタナティブな手法を考察。フィールドと人に密着して分析する人類学アプローチによって，平和創造への新たな視座を提示する。

松島泰勝著
琉球独立への道
―植民地主義に抗う琉球ナショナリズム―
Ａ５判・278頁・2800円

小国における脱植民地化過程の比較・実証研究をふまえ，琉球(沖縄)の政治・経済的な独立の可能性を研究。琉球の独立を文化・思想面からだけでなく，包括的かつ実証的に再検討。実現可能なロードマップと将来像を提案する。

ガバン・マコーマック，乗松聡子／乗松聡子訳
沖縄の〈怒〉(いかり)
―日米への抵抗―
Ａ５判・283頁・2800円

沖縄問題の核心を通史の展開をふまえ実証的に追究。日本が米国の属国であるがゆえに沖縄が翻弄され続けていることを衝き，沖縄に正義と平和をもたらす責務が日本の私たちにあることを切実に投げかける。沖縄研究にとって必読の書。

国際基督教大学平和研究所編
脱原発のための平和学
Ａ５判・226頁・2800円

福島原発事故を契機として，「核」のない平和な世界の創造へ向け，批判的かつ創造的に社会のあり方を提言するとともに，問題克服へ向け，領域横断的な思考と対話を提示する。小出裕章氏，秋山豊寛氏，吉原毅氏ほか寄稿。

―法律文化社―

表示価格は本体(税別)価格です